U0049922

兒少權益與傳播倫理

Communication Ethics and Youth Rights

◎作者─黃葳威
張淑慧
賴月蜜
王淑芬
詹怡宜
高政義
楊可凡
張立
楊海蘭
王己由

國家圖書館出版品預行編目（CIP）資料

兒少權益與傳播倫理 = Communication ethics
and youth rights/黃葳威, 張淑慧, 賴月蜜,
王淑芬, 詹怡宜, 高政義, 楊可凡, 張立, 楊
海蘭, 王己由著. -- 初版. -- 新北市：揚智
文化事業股份有限公司, 2024.02
　　面；　公分（新聞傳播叢書）

ISBN 978-986-298-432-1（平裝）

1.CST: 新聞倫理　2.CST: 大眾傳播　3.CST: 兒
童保護　4.CST: 文集

198.89　　　　　　　　　　　　113001735

新聞傳播叢書

兒少權益與傳播倫理

作　　　者／黃葳威、張淑慧、賴月蜜、王淑芬、詹怡宜、
　　　　　　　高政義、楊可凡、張立、楊海蘭、王己由
出　版　者／揚智文化事業股份有限公司
發　行　人／葉忠賢
總　編　輯／閻富萍
地　　　址／新北市深坑區北深路三段 258 號 8 樓
電　　　話／(02)8662-6826
傳　　　真／(02)2664-7633
網　　　址／http://www.ycrc.com.tw
E-mail／service@ycrc.com.tw
ISBN／978-986-298-432-1
初版一刷／2024 年 2 月
定　　　價／新台幣 250 元

媒體社會責任

　　近年來，隨著資訊科技和網路的蓬勃發展，新聞媒體的影響力和責任也日益加重。黃葳威教授編撰的新書《兒少權益與傳播倫理》，集合了十位作者的文章，正是在這樣的背景下，深入探討媒體傳播的自律、新聞媒體傳播訊息以及教育的功能。

　　書中強調媒體傳播的自律。在網路發達的現今社會，新聞一經見刊，即可快速傳達到每一個角落，觸及每一位讀者。這也意味著，媒體在處理新聞時的每一個決策都可能產生廣泛的社會影響。因此，媒體必須在報導時展現極高的謹慎態度。尤其是當涉及兒童和青少年的新聞時，不適當的內容可能對他們造成深遠的傷害。

　　書中也探討了兒少新聞的處理方式。當媒體在報導兒少新聞時，除了要符合法規之外，還必須確保不侵犯受訪者的隱私權和知的權利。這看似簡單的要求，實則困難重重。因為在眞實的新聞場景中，很難找到一個一致的原則，來判定什麼樣的資訊會導致受訪者的身分被識別。每一則新聞都是獨特的，需要根據其具體情況來決定如何報導。

　　值得一提的是，書中還提醒了我們，即使新聞已經發布到網路上，也可以隨時進行檢視和修正。這不僅是技術上的可能，更是媒體自律的一種體現。當發現報導中的資訊可能有不當揭露或足以識別身分的風險時，應該立即採取措施，修正或刪除相關內容。

　　書中呼籲整個媒體產業，從記者、編輯到各大電視台，甚至是衛星公會，都應該走上這條媒體自律的學習之路。只有這樣，媒體才能眞正履行其應有的社會責任，為公眾提供眞實、公正、有深度的新聞報導。

　　總之，黃葳威教授編撰的新書《兒少權益與傳播倫理》是一本富有洞察力和深度的著作，對於任何關心媒體發展和社會責任的人來說，都

是一本不可或缺的參考書籍。我們應該深入閱讀、反思和學習，以期在未來的媒體環境中，能夠做出更明智的選擇和決策。

郭瑞祥 謹識

臺灣大學管理學院教授兼臺大創新創業中心主任

新聞自律已不夠，需要一場改變巨擘架構的全民運動
——爲還在努力的電視新聞人加油

　　2023年9月，包括電視台、報紙、雜誌四大媒體公會，跟國際巨擘谷歌和臉書，結束第三場平台對話會議，主題是針對全世界民主國家都非常擔心的重大議題，新聞有價，如何讓關乎民主基石的新聞媒體獲得平台巨擘合理對待。這樣的會議從去年底開始持續半年多，但是令人焦慮的是，在會議原始初衷上，不僅毫無進展，還發生很多「感恩師父」的公關操作，我國的新聞媒體就這樣被me too而且啞巴吃黃連喊不出聲。

　　衛星電視公會（STBA）成立電視新聞自律委員會十七年了，秉持友善、透明、集體自律的原則，至少每三個月辦理深度討論會議並公告上網接受公評，迄今不曾間斷。期間遭逢最大的結構性挑戰，就是2001年狗仔入侵與營運上成功的把紙媒一一扳倒之後，一度讓新聞人與狗仔之間的界線幾乎要被抹平，STBA新聞自律委員會當時透過大量的案例協調與思考辯論，努力穩住這一條紅線。

　　然而，二十年後，更嚴厲的結構性挑戰全面襲來，網路平台巨擘谷歌與臉書扮演了上帝的角色，制定遊戲規則，創造了由他們主宰的新世界。在這個世界裏，流量是唯一變現標準，即使團隊獲得七座金鐘獎的頂級優質電視新聞節目，在平台上跟內容農場得到的推播、分潤比重是一樣的，甚至更差，品質、品牌在巨擘的平台上只是公關話術，實際上是一文不值，根本無法變現。

　　當總編輯變成演算法之後，鋪天蓋地的課程都在教新聞小編如何配合平台的大蜘蛛，比如鐵則一：「唯快不破」，先發先搶之後再更新

（正）；鐵則二：「眾星拱月」，一個新聞主題切好幾篇發，拱上谷歌搜尋榜首。臉友黃郁棋說得很內行「為了讓FB推薦，所以要下釣魚標題，找搶眼農場文。為了最大化SEO效果，所以一篇文最好拆成五篇來發，標題塞滿關鍵字。為了在PTT發酵，文章講求又快又有話題，千萬不能查證與平衡，一查下去就沒故事性了，一平衡就沒人要看了。」他說：「技術架構下，扭曲的媒體生存環境。」

根本關鍵就是平台巨擘設定的技術架構、獲利模式，就像不可逆的血滴子，無人能倖免，不僅我國，全世界幾乎不再有優質媒體得以在平台的架構下自給自足，都要靠金主捐贈等等開外掛的作法苦撐。

光是自律已經不夠了！這次的挑戰，比狗仔嚴重千百倍，如果不從平台設定的架構來解決，如果只是片面究責媒體或記者個人，是無法解決問題，甚至幫助平台巨擘粉飾脫逃了它們應負的責任。

九月的平台會談中，新聞台第三度懇切呼籲平台巨擘：(1)我們是品牌夥伴、請共榮互惠，電視台品牌夥伴所製作的內容，有一定成本與價值。(2)請讓夥伴的品牌、品質也可以變現。演算法與推薦機制是重要而嚴肅的議題，不僅關係我國新聞媒體生存，更關係到新聞價值的型塑，演算法控制流量，決定怎樣被看見、怎樣可以獲利，導致內容端必須迎合平台演算法製作新聞，新聞台建議平台進行「分潤良性化、優化」之共榮措施，比如提供一定金額的費用（minimum guarantee）、提供非以流量為依歸的分潤方式，讓演算法不是一味追逐流量，也能產生質化的價值。

遺憾的是谷歌跟臉書迄今沒有正面回應這個「架構面」的根本問題，Google於2006年、YouTube於2007年、meta於2015年進入臺灣，我國電視媒體以資源投入、以科技學習、以快速成長的數位能力來迎接，新聞台的數位部門人力高達一、兩百人，甚至已經擁有成立數據公司的能力，然而電視台的數位發展，仍然困頓於平台上不透明、不公平、不友善的架構設定而掙扎擺盪，甚至電視台本業都遭到侵蝕，其實疫情以

來新聞收視率是成長的，但是廣告收入卻不斷遭平台巨擘襲奪，以2020年為例，我國482億數位廣告中70%由谷歌、臉書拿走至少337.4億，我國上百家電視頻道加總起來廣告僅剩175億，電視台取之於臺灣用在臺灣，成就本國就業人口、改善勞動條件、投入製播與營運環境。然而當資源流走到谷歌、臉書，卻是要優先上繳母公司，滋養臺灣媒體的土壤明顯被掏空、被液化。

「要怎麼收穫先那麼栽」，如果你覺得現在的媒體表現不如理想，不要只問媒體，應該要問問你自己，你想要收穫怎樣的媒體就要先那麼栽，你覺得谷歌跟臉書應該要怎樣改變？大家一起來進行這一場改革巨擘平台架構的全民運動。

身為見證我國從戒嚴轉型到解嚴民主化的新聞老兵，身為一步一腳印持續努力維護電視新聞自律的一分子，這一路走來，深刻感受到臺灣新聞業是我國民主歷程的重要環節，臺灣也是華人社會中唯一有總統大選的最珍貴的存在，容我引用2022STBA新聞自律主委交接時這段互相打氣的感言，「環境越來越複雜、產業越來越艱困，媒體人的課題越來越高難度，但不論壓力或者挑戰有多大，但願新聞人始終能走在正軌上、堅守崗位、秉持應有的專業自主自律，穩重前行，是本自律委員會成立的初衷。」環境越艱困，越是凸顯電視台的重要，這世界越破碎，電視台越要能癒合，越是眾聲喧嘩，電視台越是要能敲錘定音。

為許多還在努力、還很努力的電視新聞人，加油加油。

陳依玫 　謹識

資深媒體人、STBA第一二三屆新聞自律主委

搭起對話的橋樑（自序）

2001年5月月底，臺灣《壹週刊》推出，創刊號以中華民國總統之女及準女婿私生活為焦點；2003年第三季，《蘋果日報》以大幅照片與社會新聞崛起，狗仔新聞入侵，影響臺灣的媒體風格。

在跨國速食連鎖店的桌上，青少年學生拾起以羶色腥為特色的《蘋果日報》，瀏覽相關八卦與大幅羶色腥照片，引起婦幼團體的關注。

「閱聽人監督媒體聯盟」結合國內婦女、兒童、教育、環保與媒體研究等各界團體，直接呼籲廣告主，別對剝削婦幼隱私的媒體投廣告。

教育部2004年成立媒體素養委員會，陸續推出《媒體素養教育白皮書》、《閱聽人密碼》教案，公共電視與臺視先後播出有關媒體識讀的兒少節目。電視台一度還製播兒少新聞，提供普級、兒少合宜的新聞呈現報導。而後推動各新聞頻道在闔家觀賞時段，應透過普級的節目畫面與內容敘述製播電視新聞。

臺灣電子媒體執照核發換照由國家通訊傳播委員會監理，2006年民間團體與電視新聞頻道在衛星公會支持下，組成新聞自律委員會，由媒體與民間團體定期針對有疑慮的新聞報導案例，討論落實媒體自律與社會責任。

除了電子媒體，2011年內政部長江宜樺將媒體自律委員會的精神，納入修訂「兒童及少年福利與權益保障法」（當時的「兒童及少年福利法」），促成報業自律。

一度當媒體報導失蹤兒童或兒少受虐的事件，報導方式是否涉及揭露兒少隱私或肖像等，電視畫面充斥馬賽克的模糊鏡面，引發爭議。近年電視新聞已經避免報導兒少事件，以免被檢討或處罰。

一位兒少團體代表指出，如果是需要為民發聲，監督公共政策的事件，媒體因為寒蟬效應而不報導，反而失去媒體為民喉舌、揭弊改善社會的理想。

有鑑於此，本書匯集兒少、婦女、媒體學者專家，以及媒體從業主管，長年各從維護兒少、婦幼權益，新聞自由與守門自律等角度，書寫網路、電視、報紙新聞的相關案例，希冀在保障人權與媒體專業自主權的基礎下，進行對話探討。

近期民間團體相關申訴聚焦網路媒體，電子媒體相關申訴逐漸減少，臺灣媒體品質與閱聽人品味，在疫情階段尤其面臨考驗。期盼透過本書的出版，可提供傳播教育、媒體識讀、資訊素養領域參考。

聯合國大會1948年12月10日第217A（III）號決議通過公布〈世界人權宣言〉，揭示「人人有權享受主張和發表意見的自由；此項權利包括持有主張而不受干涉的自由，和通過任何媒介和不論國界尋求、接受和傳遞消息和思想的自由」（§19），強調意見言論表達、透過媒體傳遞溝通的自由價值。

我國「憲法」明定：人民有言論、講學、著作及出版之自由（§11），宣告看重言論與出版自由，代表我們是一自由民主開放的華人社會，成為國內相關法案的重要基石。

2003年起，政大數位傳播文化行動實驗室與白絲帶關懷協會定期舉辦春季、秋季媒體論壇，邀集民間團體代表與媒體主管交流各式案例，目的是在尊重雙方主體性的前提下，經由討論交流，尋找兼顧品質與品味的平衡點。

媒體肩負維護社會公共利益與觀眾知的權益、為民先鋒的使命，言論自由與新聞自由係民主社會的普世價值，民間團體扮演社會前進的動

力，倚天屠龍攜手並進，方能展現繽紛創意的質感內容，媒體品質提升
需要有品味的閱聽人欣賞，民主多元更倚重媒體自律與自主權的落實。

黃葳威 謹識
國立政治大學廣播電視系教授
數位傳播文化行動實驗室執行長

作者簡介

黃葳威

現職

國立政治大學廣播電視系教授／政大數位傳播文化行動實驗室執行長

中華白絲帶關懷協會執行長

三立新聞臺公評人

消費者文教基金會媒體組召集人

衛星公會、壹電視、中視新聞自律委員會主委

原民臺、年代、TVBS、東森財經臺新聞自律委員會委員

國立教育廣播電臺顧問

學歷

美國德州大學廣播電視電影所博士暨博士後研究

臺灣大學管理學院EMBA／國立臺北教育大學文教法所肄業

經歷

衛生福利部社會家庭署兒少事故傷害防制委員會委員（2013-2020）

行政院跨部會WIN網路單e窗口／iWIN網路內容防護機構執行長（2010-2016）

政府兒少福利促進委員會委員（臺北市2012-2014，2017-2019、新北市2013-2015）

原住民文化教育基金會董事（2009-2012）

國立政治大學傳播學院政大之聲電臺臺長（2004-2009）

國立政治大學廣播電視系主任暨所長（1998-2001）

得藝國際多媒體公股董事（2009-2013）

國家通訊傳播委員會衛星廣播電視節目審議委員、執照審議委員（2006-2008，2011-2015）

教育部媒體素養委員會社區行銷組長（2004-2006）

張淑慧

現職

> 社團法人臺灣照顧管理協會常務理事
>
> 行政院毒品防制會報委員
>
> 行政院兒童及少年福利與權益推動小組委員
>
> 衛生福利部家庭暴力及性侵害防治推動小組委員
>
> 衛生福利部兒童及少年性剝削防制諮詢委員會委員
>
> 中華社會福利聯合勸募協會研究發展委員會召集人
>
> 國家級人體生物資料庫整合平臺審查小組委員
>
> 國家衛生研究院人體生物資料庫倫理委員會委員
>
> 臺北市政府市政顧問
>
> 新北市社會救濟會報暨社會救助金專戶管理運用委員會委員
>
> 桃園市少年輔導委員會委員
>
> 基隆市政府學生輔導諮詢會委員
>
> 中華社會福利聯合勸募協會研究發展委員會召集人
>
> 婦女權益與永續發展聯盟理事

學歷

> 中央警察大學犯罪防治研究所博士

經歷

> 桃園縣政府社會局局長
>
> 中華民國社會工作師公會全國聯合會理事長
>
> 國立臺灣大學兒少暨家庭研究中心執行長
>
> 社團法人臺灣照顧管理協會理事長
>
> 臺北市少年輔導委員會督導、主任
>
> 臺北市社會工作師公會理事長
>
> 桃園縣家庭暴力暨性侵害防治中心主任
>
> 行政院心理健康促進及自殺防治會報委員
>
> 考試院社會工作師考試審議委員會委員
>
> 法務部桃園監獄假釋審查委員會委員

衛生福利部成癮防治諮議會委員
衛生福利部心理健康促進諮議會委員
中央警察大學性騷擾申訴調查小組委員
法務部行政執行署桃園分署性騷擾申訴處理調查小組委員
國家教育研究院性騷擾申訴評議委員會委員
教育部「安全上網與資訊素養」推廣計畫顧問
臺北市政府「資訊素養與倫理」教材編輯指導委員
高雄市政府兒童及少年福利與權益保障促進會委員
嘉義縣兒童及少年性剝削防制諮詢委員會委員
宜蘭縣兒童及少年福利與權益促進委員會委員
臺中市政府少年輔導委員會委員
基隆市心理健康促進暨自殺防治專案小組委員
警察大學兼任助理教授
警察專科學校兼任助理教授
銘傳大學兼任助理教授
空中大學助理教授

賴月蜜

學歷

國立暨南國際大學社會政策與社會工作學系博士

英國諾丁漢大學社會政策研究所碩士

文化大學兒童福利研究所碩士

臺灣大學法律系司法組

經歷

瑞典隆德大學社會工作學院兒童權益中心訪問學者

英國牛津大學社會法律研究中心訪問學者

慈濟大學社會工作學系副教授兼系主任

臺灣師範大學社會工作研究所、臺灣大學社工系、慈濟大學兼任副教授

文化大學社會福利學系助理教授

師範大學社會教育學系社工組、臺北大學社會工作學系、實踐大學社工系、玉山神學院社會工作學系兼任助理教授

總統府司法改革國是會議委員法務部人權工作小組委員

司法院人權與兒少保護及性別友善委員會委員

司法院精進法院家事調解業務2.0諮詢委員會委員

士林地方法院性別友善工作小組委員

行政院兒童及少年福利與權益推動小組第一屆委員

臺灣社會工作教育學會秘書長、監事、常務理事

兒童福利聯盟基金會董事

婦女新知基金會董事

家事調解學會理事長、顧問、常務理事

臺北市、新北市、花蓮縣、金門縣、宜蘭縣、新竹縣兒少福利促進委員會委員

新北市少年輔導委員會委員

臺北市、花蓮縣家庭暴力暨性侵害防治委員會委員

花蓮地方法院檢察署犯罪被害人保護委員會委員

《中國時報》法務室研究員（1993-1999）

王淑芬

現職

勵馨基金會副執行長
臺北市政府性騷擾防治委員會委員
臺北市社會福利聯盟常務理事

學歷

東吳大學社會工作所碩士

經歷

臺北市政府女性權益促進委員會委員
基隆市政府性騷擾防治委員會委員
臺北市政府兒少福利委員會委員
新北市政府性騷擾防治委員會委員
新北市政府社會局社政顧問
臺灣少年權益與福利促進聯盟理事

證照

社工師執照

專長

青少女懷孕／收出養服務議題兒少保護／兒少性剝削服務議題／性騷擾／
性侵害／家暴服務議題婦幼兒少保護性服務相關倡導

詹怡宜

現職

TVBS新聞部副總經理（2020- ）

「一步一腳印發現新臺灣」節目製作人兼主持人（2004- ）

臺大新聞研究所副教授級兼任業師（2022－ ）

學歷

臺灣大學政治系公共行政組畢業（1984-1988）

美國芝加哥大學（University of Chicago）公共政策碩士（1989-1991）

經歷

衛星公會新聞自律委員會主委（2015-2021）

TVBS新聞部總監（2007-2020）

TVBS文字記者、新聞主播、政治組組長、專題組組長、採訪中心副主任、副總編輯兼製作人（1993－2007）

世新大學新聞系兼任講師（2005-2006）

《聯合晚報》政治組記者（1992-1993）

《自立晚報》政治組記者（1991-1992）

《中國時報》國際新聞編譯（1988-1989）

高政義

現職

東森新聞臺副總監

經歷

中天新聞臺地方中心副主任

《目擊者》雙月刊總編輯

《勁報》市政組組長

《自由時報》記者

楊可凡

現職
民視電視公司行銷長

學歷
國立政治大學廣播電視學研究所碩士

經歷
民視專案節目製作人
女性影展影片「早生貴子」製作人
中天新聞記者

張立

現職
《聯合報》新聞網總編輯

學歷
南京大學社會學博士

經歷
《聯合報》編輯主任

楊海蘭

現職

資深媒體人

學歷

國立政治大學企管所碩士
國立政治大學新聞所碩士

王己由

現職

《中國時報》社會組主任

學歷

文化大學新聞研究所碩士

經歷

《臺灣時報》社會組特派記者
《中國時報》社會組記者、撰述委員、召集人、副主任
世新大學新聞系兼任講師

目　錄

【兒少權益篇】

Chapter　1　臺灣國高中校園霸凌判例探討／黃葳威　**25**

Chapter　2　影音媒體兒少健康權／張淑慧　**41**

【媒體實踐篇】

【兒少權益篇】

Chapter 1

臺灣國高中校園霸凌判例探討

黃葳威

- 前言
- 校園霸凌類型
- 國際間網路霸凌防治
- 中學校園霸凌判例分析
- 結論與討論

一、前言

　　1948年12月聯合國通過「世界人權宣言」（The Universal Declaration of Human Rights），宣示：任何人不得加以酷刑，或施以殘忍的、不人道的或侮辱性的待遇或刑罰（§5）；任何人當「憲法」或法律所賦予他的基本權利遭受侵害時，有權由合格的國家法庭對這種侵害行為作有效的補救（§8）。

　　2021年10月間，臺北市知名高中出現百名學長找高一學弟理論事件。被針對的高一學弟，疑似不滿社團「學長學弟制」，在社群網站留言：「二、三年級的都是考不上第一志願，才來這裏讀書，有種就來班上找我啊！」（潘才鉉，2021/10/13）上述發言激怒學長，揪團到學弟教室門口理論。上述爭議是否為校園霸凌事件，說法不一。媒體改革公民團體以為是校園霸凌，身兼高中家長會成員的媒改成員表示不屬霸凌事件（衛星公會，2021/11/30）。高中校方未收到當事人相關霸凌申訴，在媒體關注壓力下，校方邀請學生會、教師會、家長會開協調會，互相道歉，未形成對立。

　　教育部統計（黃佩華、李其庭，2021/10/21），2021年霸凌通報案超過一千件，創下幾年來新高，除肢體和言語霸凌，才被列入通報的網路霸凌，占一成左右。

　　歐盟對於網路霸凌的界定，凡透過數位科技使特定人士感到不安，不論基於有意或無意，皆屬於網路霸凌（郭戎晉，2009），如校園同學間在網路上對特定同學持續品頭論足，傳遞傷害對方的不實謠言；或因為同學間彼此志趣不同，持續透過網路發言分享、忽略、排擠特定同學的行為。

　　網路越來越多電影解說短片，網紅谷阿莫推出「X分鐘看完XX

電影」系列爆紅，卻遭迪士尼等五家影視公司提告侵權（羅志華，2019）。

校園同學間作弄他人的惡搞影片，網友互相分享，是「好笑的影片與他人分享」，若非出自影片中當事人的意願，分享傳遞過程，形同助長這種不當行為，參與分享形同加害人。立法院2021年11月三讀通過「跟蹤騷擾防制法」，2022年6月正式施行。警政署成立中央及地方緊急應變小組，包含盯哨、網路騷擾等八大樣態，最重可處五年以下有期徒刑、重罰五十萬（侯俐安，2022/5/26）。

全球約有九成國家投票年齡為十八歲，我國立法院院會2022年3月通過「十八歲公民權」修憲案，在交付公投通過後正式生效（邱于瑄，2022/3/25）。

年滿十八、十九歲的青年，有踏入社會就業、待業、正值高中職在學或肄業，本文聚焦正值十五歲至十八歲間的高中職在學或肄業學生，涉及人際互動的校園霸凌樣態，相關校園民事有哪些權利與義務。

二、校園霸凌類型

網路霸凌一字，最早出現於美國賓州巴克奈爾大學（Bucknell University）大學的研究報告，1998年一名中學生架設一個充斥對數學教師及校長的威脅訊息及詆毀言論的網站，該生後來因為這種威脅、騷擾及不尊重（threats, harassment and disrespect）的行為，遭退學後由其監護人提起法律訴訟，美國聯邦法院判決確定學校的處置合法（Harter, 2017）。

霸凌反映權力關係的不對等，審視霸凌的內容與型態，有以下幾種類型（Huang, 2017）：

1.語言霸凌——以情緒化語言透過手機持續嘲弄、惡意傷害、恐

嚇，或貶抑他人，如刻意嘲笑對方的外型或行為表現、散布不實謠言等。

2. 文字霸凌——以文字在網路平台散播具威脅意味、攻擊性言詞，如一些藝人被網路酸民評頭論足，或校園學生在網路平台上嘲諷特定人士等。

3. 文本霸凌——文本源自英文text，係指未經授權使用他人資料或作品，侵犯他人智慧財產權或肖像權。如將他人圖像張冠李戴、惡意拼貼於不雅圖片，或使用他人資料未註明資料出處等。

4. 肢體霸凌——以魯莽、具威脅性的行為傷害他人，如施以拳打腳踢、強行推拉或足致當事人肢體受到損傷等侵犯行徑。

5. 關係霸凌——以冷漠、隔離等方式排擠他我、操弄人際關係，或刻意形塑小團體，形成內團體與外團體的差別待遇，如刻意拉攏同儕一起冷落特定對象，使對方感受被孤立或無助。

6. 性霸凌——「性別平等教育法」第2條第5項，性霸凌係指透過語言、肢體或其他暴力，對於他人之性別特徵、性別特質、性傾向或性別認同進行貶抑、攻擊或威脅之行為且非屬性騷擾者。如嘲笑他人的性特徵或身材等。

7. 網路霸凌——網路霸凌是透過資訊傳播載具，特別是手機和網路的管道，故意使他人不安。

8. 逆向霸凌——原本為反制霸凌行徑，可能因抵制過當形成相對霸凌，或因失控導致傷害第三方。如某演藝人士臉部照片被拼湊於偷拍反不雅照片，為抵制自己遭受到文本霸凌，卻牽連引發網友肉搜被偷拍不雅照的受害當事人；或為反制網路霸凌行徑，過當致使權力不對等，導致另一霸凌形成。

三、國際間網路霸凌防治

　　霸凌在國外被歸類為 "Hate Crime"（仇恨犯罪）一種，加拿大、美國等國雖重視言論自由，針對網路霸凌造成當事人自殺，開始科以刑罰。國內傾向以誹謗、公然侮辱及恐嚇等罪處罰網路霸凌行為。

　　網路霸凌相關論文以教育（林建瑜，2016）、輔導為主（黃郁琇，2014），或期許網友自律（謝紫菱，2016），隨著行動上網成為日常生活，相關規範是否切合網路霸凌各式新興案例（楊詒任，2017；陳怡潔，2018），值得關注。

(一)個資隱私取向

　　2014年，加拿大在「保護加拿大國民遠離網路犯罪法」（Protecting Canadians from Online Crime Act，簡稱Bill C-13）中，新增「散播私密照片」為網路霸凌行為，未經當事人同意散播私密照片者，最高可處五年監禁，於2015年3月10日生效（賴怡君編譯，2015）。同時，有反對意見認為可能會擴張國家調查權，侵害人民隱私。

　　加拿大新斯科舍省（Nova Scotia）2013年制訂「網路安全法」（Cyber-Safety Act），針對網路霸凌者的刑責為六個月監禁，得科或併科最高五千加幣罰金，並成立網路調查單位接受霸凌申訴，警方接獲調查申訴後，可進行調查處理；此外，網路霸凌受害者可向法院申請保護令，法院可停止加害人使用電子軟體，情形嚴重時還可沒收其手機或平板電腦（https://nslegislature.ca/legc/bills/61st_5th/1st_read/b061.htm）。

　　美國國家科學工程醫學院（The National Academies of Science-Engineering-Medicine）針對層出不窮的網路霸凌，提出透過科學研究、

政策擬定與實踐行動,進行防治(Rivara and Menestrel, 2016)。

紐約市公立學校1988年開始執行手機禁止令,至2008年蘋果智慧手機盛行前,紐約市長白思豪(Bill de Blasio)上任後承諾「將手機帶入學校」,他和教育總監法瑞娜(Carmen Farina)推動管理制度A-413規定,允許學生帶手機進學校,但要求各校校長自行協商制定手機管理政策,加強教育培訓,防止學生網路暴力。對違規學生採取「亂用手機,就會失去手機」的政策(林昭儀譯,2014/1/7)。

法國教育部長宣布(蔡佳穎,2017/12/12),考量到「公眾健康」,中小學禁止攜帶手機。2018年9月頒布實施的新政策規定,不論教室內外、午餐、下課休息,都不准使用手機。網路霸凌頻傳,英國數位、文化、媒體暨體育部(Department for Digital, Culture, Media & Sport)表示,英國政府醞釀推動「資料保護法案」(Data Protection Bill),納入「被遺忘權」並賦予民眾更大的資料控制權,維護網友的權益。

「被遺忘權」(right to be forgotten)主張人們有權利要求移除有關自己負面、過時的個人身分資訊搜尋結果,由於此舉可能和「言論自由」衝突,產生網路資訊審查疑慮,目前相關細則不明確,還在討論。

無論「被遺忘權」或英國新法的發展,都揭示當今人們對於個人資料保護意識已經逐漸抬頭,面對這樣的趨勢,企業或政府都必須提出更積極的因應之道。

(二)騷擾防治

新加坡廣電局將網路視為廣電媒體之一,肩負管理網路內容,網路內容服務業者必須遵照1996年根據「廣電法」所頒布的「網路自律公約」(Code of Practice)與「網路內容指導原則」(Internet Content Guidelines)規定才核發營運執照(黃葳威,2016)。

新加坡2014年通過「防止騷擾法」（Protection From Harassment Act 2014），網路騷擾或霸凌的態樣也可適用該法，受害者可向法庭申請保護令，可要求即時移除網路惡意資訊，阻止對方繼續騷擾。

　　2006年12月韓國政府頒布「促進資通訊網路利用與資訊保護法」，建立第三方身分認證機制、賦予網路業者得暫時移除或封鎖有害資訊之權利等方式管理網路違法內容，期望藉此促進業者自律、在言論自由及受害者權益尋得平衡，該法已於2007年7月實施（黃葳威，2016）。

　　臺灣2022年3月正式施行「跟蹤騷擾防制法」，明定跟蹤騷擾有八種樣態：包括跟蹤、盯哨、嘲弄辱罵、要求約會、網路騷擾、寄送文字影像或其他物品、妨害名譽、冒用個資訂購貨物等都納入規範，且行為須與性或性別有關，足以影響受害者日常生活，違反者最高可處五年以下有期徒刑。

　　由此來看，「跟蹤騷擾防制法」也涉及個資隱私權的維護。

(三)假訊息防治

　　為防杜散播假訊息造成危害，內政部、農委會、衛福部、原能會預計修正六個法案，包括「廣播電視法」、「災害防救法」、「糧食管理法」、「農產品市場交易法」、「傳染病防治法」、「食品安全衛生管理法」和「核子事故緊急應變法」，在法案中納入禁止散播假新聞的規範和罰則。七部法案中，都納入禁止散播假新聞的規範和罰則，亂傳假新聞者最嚴重可能被罰一百萬罰金或無期徒刑（羊正鈺，2018/12/21）。

　　「廣播電視法」修法要求廣播電視新聞業者必須建立「自律規範機制」，如果未經「事實查核」就散布不實訊息，最高也可罰兩百萬罰鍰。

　　中國在2013年打擊「網絡散布謠言」行動後，2016年11月7日正式

通過「網路安全法」，規劃2017年6月1日正式實施（中國人大網，2016年11月7日）。中國「網路安全法」總計七章79條，除了網路詐騙和網路攻擊的罰則，展現用法律明確定義網路營運商的種種責任。

中國「網路安全法」明訂任何個人和組織不得利用網路發布與實施詐騙，製作或者銷售違禁物品、管制物品以及其他違法犯罪活動的信息。最關鍵四點是：嚴懲網路詐騙及網路攻擊、保護關鍵信息基礎設施、網路實名制法令化、危及國家安全的重大突發事件可限制通訊。

臺灣與中國施行以假新聞杜絕網路謠言，引發對新聞監督公共利益角色的監管疑慮。

(四)申訴機制

臺灣對於霸凌防治的處理，包括針對學校與社會。

2010年施行「校園霸凌防制準則」第3條規定，校園霸凌指相同或不同學校校長及教師、職員、工友、學生（以下簡稱教職員工生）對學生，於校園內、外所發生之霸凌行為。

「性別平等教育法」第2條第5款明定，性霸凌指透過語言、肢體或其他暴力，對於他人之性別特徵、性別特質、性傾向或性別認同進行貶抑、攻擊或威脅之行為且非屬性騷擾者。

2011年11月30日修正「兒童及少年福利與權益保障法」第46條為防止兒童及少年接觸有害其身心發展之網際網路內容，自2010年起，經公開提案評審機制，白絲帶關懷協會陸續承辦行政院跨部會WIN網路單e窗口專案計畫、iWIN網路內容防護機構計畫，受理有關兒少色情、網路性交易、未經認證的性侵藥品網路廣告等申訴案件，相關違法與有害兒少身心健康的訊息，經函轉目的事業主管機構，網站業者依據「兒童及少年福利與權益保障法」進行移除，所屬縣市警政單位也查獲性交易等不法情事。

網路霸凌新興型態層出不窮，受害者除學生，也包含公眾人物、教師、團體機構等。本文從校園國高中學生生活範圍，進行分析研討。

四、中學校園霸凌判例分析

查詢司法院法學資料檢索系統，以中學校園、霸凌關鍵字搜尋，有三件涉及國中、高中校園霸凌民事判決。其中兩件為校園學生間糾紛，一件涉及高中校園教材使用爭議。

(一)高雄簡易庭109年度雄簡字第1267號民事判決事件

依據簡易庭判決文，原告主張，與被告楊男為國中同學，楊男長期對原告以言語及肢體霸凌，兩人為同補習班學生。

被告表示，109年2月17日下午，楊男與同學在一旁討論影片，被告提一句「臭娘們」，原告聽到後即答應「你是在說你自己喔？」，楊男感覺受到挑釁，兩人即開始玩鬧嬉戲之行為，原告起身前先打被告臉部一把掌，被告耳朵頓失聽力，雙方情緒失控而演變為打架，並非霸凌行為。被告主張，學生間會有培養友誼的互動，看似不禮貌的肢體動作或言語，在原告沒有制止或警告的情形，讓楊男以為原告不介意這樣的行為，以為是同學間友好互動方式，被告法定代理人已要求楊男寫悔過書。

法院審理

法院審理發現，原告表示長期霸凌部分不主張因無法提出證據；主張補習班運動會絆倒原告部分，原告雖主張臺灣高雄少年及家事法院少年調查官有此部分報告可作為證，經調少家法院109年少調字第246號楊

男傷害審理卷宗，未記載有關事宜，原告此部分主張均未能舉證證明被告侵權行為。

經少家法院調查後，認定楊男所為構成傷害罪，裁定應予訓誡，予以假日生活輔導確定。審酌兩造稅務電子閘門財產所得調件明細表，楊男年紀尚輕思慮不周，事故發生後表後悔誠意，法院認原告請求精神慰撫金以5萬元為適當。

(二)臺灣苗栗地方法院110年度訴字第412號民事判決事件

原告與被告甲是苗栗縣私立建臺高級中學同班同學，雙方有嫌隙，被告甲於民國110年4月15日至17日間，在其住處使用社交軟體以限時動態PO文及轉貼社交軟體對話內容，散布對原告有攻擊性、污辱性言論。

經校方防治校園霸凌因應小組委員會訪查調查後，認定構成校園霸凌，有該委員會專案報告書可資證明。除求償外，原告依「民法」第195條第1項後段規定，請求被告甲應於個人頁面發表道歉啟事。

法院審理

參考法院審理，原告主張被告甲對其為公然侮辱、恐嚇、霸凌等行為，致其精神壓力過大而罹患急性壓力症候群、身心痛苦等情，有通訊軟體截圖照片、醫院診斷證明書、專案報告書、法院110年度少調字第177號宣示筆錄、臺灣高等法院臺中分院110年度少抗字第23號裁定；「被告甲1、甲2不否認被告甲有上述行為，但辯稱：原告係與被告甲於網路互嗆，原告亦有侮辱被告甲之言語，只是原告於貼文後立刻刪除，被告未及保留證據」等語。法院審酌認原告主張為真實。法院審酌被告甲為少年，心智尚未成熟，致處理與原告同儕間細故，侵害原告名譽人格及自由，但其犯後坦承非行，尚非頑劣等情，及兩造身分、職業、教育程度及被告經濟狀況良好等，判令被告連帶賠償6萬元。

法院判決書於判決後即公布於司法院網站，任何人均得上網檢索觀覽或引用，原告亦可連結、援引判決內容於社交媒體予以說明澄清，可達回復名譽效果。原告請求被告甲於網站個人頁面主頁刊登道歉啟事，應予駁回。

(三)臺北簡易庭108年度北簡字第4497號民事判決事由

　　參考法院判決文，原告主張自己為知名人像攝影藝術家，創作「哭泣女孩」系列攝影作品，與模特兒女孩經過無數次溝通，克服技術困難拍攝，具高藝術價值，民國105年11月間集結成冊出版「哭泣女孩故事攝影集」，具商業價值，原告享有攝影集中照片攝影著作權。

　　107年9月間，原告發現其攝影集中作品之一，遭被告加上「杜絕復仇式色情篇」及「不輕易自拍或外流、尊重自己身體隱私權」等與原創作不相關文字、邊框及其他圖樣而予以不法重製及改作後，製成「友善校園週」投影片檔第141張內容，並將製成光碟，將該光碟公開、散布予多家選用被告公司出版教科書之學校，控訴被告獲取不正利益。

　　原告主張，被告將該作品任意改作編輯，將作品與不當且不相關文字及圖樣連結，原創作內容及精神破壞殆盡，且使人不當聯想系爭作品中之女孩為復仇式色情之加害者或被害者，致使原告深感名譽受損。

法院審理

　　法院審理判決，被告基於編製教科用書及配合教育主管機關宣導政策之教育目的，編製光碟，使用於友善校園週，未獨立對外銷售，且採用作品係佔光碟之1頁，非構成光碟主要內容，僅係作為輔助說明，被告利用原告著作之質量及比例低微，屬合理使用。

　　被告於其網頁設置「尋找著作權人」留言板，有其提出之網頁截圖可佐，被告主觀無侵害原告著作人格權之故意，原告主張被告侵害其姓

名表示權,並無理由。

　　法院判決,作品在凸顯女孩哭泣的神情,被告於作品加註「杜絕復仇式情色篇」等文字,一般人當知悉重點在文字表達意涵,照片僅屬情境描述,原告名譽並不會因少女哭泣原因為何而受影響,對原告有任何負面評價,被告之改作行為既未損害原告之名譽,未侵害原告之不當變更禁止權。

　　以上三件國中、高中校園判例,分別與當事人的個資隱私、名譽、訊息運用、關係等侵權糾紛相關。相關當事人皆需要舉證各自主張,供法院研判。

　　其中涉及未成年人的處罰部分,法院皆參考被告與原告雙方之法定代理人教育程度、職業、或收入等,以衡平原則研判。

　　有關恢復名譽部分,法院依據「民法」第195條第1項後段請求回復名譽之適當處分,採取「適當處分」、比例原則,斟酌損害之侵權方法、名譽受損之程度等因素,為適當處分。

五、結論與討論

　　立法院院會2022年3月通過「十八歲公民權」修憲案,本文檢視三件中學校園民事有哪些權利與義務,獲得以下結果。

　　分析得知,國中生校園霸凌事件,以實體相處的言語、關係、肢體霸凌為主,其中被告也提出遭受原告的逆向霸凌,但因為未能舉證而不成立。高中同學在社群平台的糾紛,分別有語言、文字、關係、及網路霸凌。

　　中學校園霸凌事件,以個資隱私、騷擾、恢復名譽較多,其次為著作權引用爭議。其中高中社交網站校園霸凌事件,侵權行為涉及個資隱私、語言文字騷擾、及恢復名譽等。國中校園霸凌案例,以親身糾紛為

表1-1　國高中校園霸凌型態

判例	語言	文字	文本	肢體	關係	性	網路	逆向
國中同學校園霸凌	X			X	X			
中學生IG霸凌	X	X			X		X	
高中教材圖片使用			X					

主，涉及個資隱私、騷擾等。高中教材運用涉及圖片使用、內容重置、以及作者要求恢復名譽爭議，由於被告提出合理使用主張，也未用於營利，法院駁回原告告訴訟請求。

　　高中學生間霸凌事件，原告向校方防治校園霸凌因應小組委員會申訴，經由調查成立。高雄的國中生霸凌爭議，原告提出在校園與補習班皆發生，因舉證資料僅能證實補習班霸凌，校園霸凌因舉證不足無法成立。

　　以上三件判例，除內容引用的文本霸凌外，其餘語言霸凌、文字霸凌、關係霸凌、網路霸凌皆與個人溝通、情緒管理與人際關係互動相關，這部分與即將成長為十八歲成年人的身心健康息息相關，不僅影響其個人情緒控管，也顯現於行為表現與判斷。

表1-2　國高中校園霸凌涉及侵權

判例	個資隱私	騷擾	假訊息	著作權	恢復名譽	其他
國中同學校園霸凌	X	X				
建臺中學IG霸凌	X	X			X	
高中教材圖片使用				X	X	

　　這群即將擁有公民投票權的未成年學生或職場新鮮人，如何善用公民投票權，展現公民社會的參與行動，相關公民法治教育與生活實踐，亟待面對因應。

參考書目

中文部分

中華民國衛星廣播電視事業商業同業公會（2021年11月30日），「第61次新聞自律暨諮詢委員會聯席會議記錄」，http://www.stba.org.tw/file_db/stba/202204/awhvdfci7d.pdf。

中國人大網（2016年11月7日），「中華人民共和國網路安全法」，取材自2020年10月2日，http://www.npc.gov.cn/npc/xinwen/2016-11/07/content_2001605.htm。

羊正鈺（2018年12月21日），〈社群平台應負責查證、假訊息限時下架？行政院擬修9部法案重罰「假新聞」〉，《關鍵評論》，取材自2020年10月2日，https://www.thenewslens.com/article/109806。

林建諭（2016），《網路言論霸凌與法律管制之研究》，臺南市：南臺科技大學法律所碩士論文。

林昭儀譯（2014年1月17日），〈白思豪上任，紐約「向左轉」？〉，《天下雜誌》，取材自2020年10月2日，https://www.cw.com.tw/article/5055175。

邱于瑄（2022年3月25日），〈首投族年齡有望下修至18歲，50萬年輕選民將改變政治生態？〉，《遠見雜誌》，https://www.gvm.com.tw/article/88296。

侯俐安（2022年5月26日），〈跟騷法6月1日上路！八大樣態最重關5年、重罰50萬〉，聯合新聞網，https://udn.com/news/story/7321/6342254。

國家通訊傳播委員會（2020），〈網際網路視聽服務管理法草案總說明〉，臺北市：國家通訊傳播委員會。

郭戎晉（2009年4月），〈初探「網路霸凌」（Cyber Bullying）衍生之法律議題〉，《科技法律透析》，第15-20頁。

陳怡潔（2018），《網路社群犯罪之研究——以網路霸凌為中心》，高雄市：高雄科技大學科技法律所碩士論文。

黃佩華、李其庭（2021年10月21日），〈疫情宅在家！教部：去年霸凌通報逾千件〉，華視，https://news.cts.com.tw/cts/local/202110/202110212059793.html。

黃郁琇（2014），《當代反校園霸凌戰爭之研究》，臺南市：成功大學法律所碩士論文。

黃葳威（2015），〈網路霸凌現象防制與因應〉，11月27日發表於《第十一屆教育理論與實務對話研討會論文集》，第1-12頁，臺北市：國立臺灣大學。

黃葳威（2016），「105年度網際網路內容防護機構計畫」，臺北市：國家通訊傳播委員會。

黃葳威（2020），《數位時代社會傳播》，新北市：揚智。

楊詒任（2017），《校園霸凌與民事損害賠償責任之研究》，臺北市：東吳大學法學院法律所碩士論文。

潘才鉉（2021年10月13日），〈成功高中學長找學弟「採草莓」，教室外鼓譟教官忙疏散〉，聯合新聞網，https://udn.com/news/story/6898/5814361。

蔡佳穎譯（2017年12月12日），〈法國校園內禁用手機，預計2018年9月實施〉，《臺灣英文新聞》，取材自2020年10月2日，https://www.taiwannews.com.tw/ch/news/3318584。

賴怡君編譯（2015）。〈加拿大「保護加拿大國民遠離網路犯罪法」生效，保障國民免受網路霸凌〉，台北市：資策會科技法律研究所。

謝紫菱（2016），〈大學生網路言論的界線——以美國校園言論自由案例分析為例〉，《教育研究集刊》，第62輯第2期，第67-95頁。

羅志華（2019年7月31日），〈谷阿莫「X分鐘看電影」挨告忙調解〉，ET Today新聞雲，取材自2020年10月2日，https://www.ettoday.net/news/20190731/1502387。

英文部分

Harter, K. (2017). "The History of Cyberbullying", Retrieved October 4, 2020, from https://howtoadult.com/history- cyberbullying-6643612.html.

Huang, W. W. (2017). "Internet governance in Taiwan", paper presented in Conference on Chinese and Korean Culture, Korea: Cheongju.

Li, Q (2007). New bottle but old wine: a research of cyberbullying in schools. *Computers in Human Behavior, 23*(4): 1777-1791.

Rivara, F. & Menestrel, S. L. (2016). *Preventing Bullying Through Science, Policy, and Practice*, Washington D.C.: The National Academies Press.

Smith, P. K., Mahdavi J., Carvalho, M., Fisher, S., Russell, S., & Tippett, N. (2008). Cyberbullying: its nature and impact in secondary school pupils. *Journal of Child Psychology Psychiatry, 49*(4): 76-385.

United Nations, "The Universal Declaration of Human Rights Retrieved", October 4, 2020, from https://www.un.org/ en/universal-declaration-human-rights/.

van der Hof, S., van den Berg, B., & Schermer, B. (2014). *Minding Minors Wandering the Web: Regulating Online Child Safety*. The Hague: T.M.C. Asser Press.

Chapter 2

影音媒體兒少健康權

張淑慧

- 鼓勵正向資訊的影音媒體健康權
- 網路數位也要重視影音媒體健康權
- 影音媒體健康權落實兒童權利公約
  四大原則

　　兒童及少年（以下簡稱兒少）階段是一個快速發育的時期，有著重要的生理、心理、社會和認知積極變化，新知識和技能的學習逐漸建立起承擔成人行為和角色的能力。兒少的相對脆弱性、慢慢成熟的大腦，在此動態過渡期間極易受到環境的影響，也對兒少的健康發展造成了新的挑戰。為了預防生理、心理及社會環境等因素影響兒少的發展，兒少人權也從消極的媒體保護限制、規定父母基本教養責任，轉而積極介入維護兒童及少年身心健康權益。

一、鼓勵正向資訊的影音媒體健康權

　　「兒童權利公約」第17條（**表2-1**）就展現了從限制轉而鼓勵媒體重視兒少的健康權，「兒童權利公約」第17條起源於保護兒童免受有害媒體影響，在起草過程中，觀察到媒體對兒少發展是利大於弊，體認大眾傳播媒體之重要功能，改弦易轍明訂國家應積極鼓勵大眾傳播媒體提供在社會與文化方面有益於兒少之資訊，確保兒少（包括來自少數群體或原住民的兒少）能夠獲得來自不同國家和國際來源的資訊，使其人格、才能以及精神、身體之潛能獲得最大程度之發展（Office of the United Nations High Commissioner for Human Rights & Rädda barnen, 2007）。只有在第17條最後一段，提到了鼓勵發展適當準則，避免兒少接觸不當內容與犯罪威脅，以保護兒少免受有損其福祉之資訊與資料之傷害。

　　在兒少保護與健康資訊之間，不是二元對立，而是注意媒體資訊與其所創造之閱聽環境，建構一種健康且具多元價值的媒體支援性環境。影音媒體健康權對兒少健康與發展的理解應更為廣泛，不是嚴格限於「兒童權利公約」第6條（生命、生存和發展權）和第24條（預防、健康促進、治療、康復的健康權），而是確保兒少能以均衡的方式健康發展，兒少有權透過廣播、電視、報紙、書籍和各式各樣的媒體，以所有

表2-1 「兒童權利公約」第17條

締約國體認大眾傳播媒體之重要功能，故應確保兒童可自國內與國際各種不同來源獲得資訊及資料，尤其是為提升兒童之社會、精神與道德福祉及其身心健康之資訊與資料。為此締約國應：

1. 鼓勵大眾傳播媒體依據第29條之精神，傳播在社會與文化方面有益於兒童之資訊及資料；
2. 鼓勵源自不同文化、國家與國際的資訊及資料，在此等資訊之產製、交流與散播上進行國際合作；
3. 鼓勵兒童讀物之出版及散播；
4. 鼓勵大眾傳播媒體對少數族群或原住民兒童在語言方面之需要，予以特別關注；
5. 參考第13條及第18條之規定，鼓勵發展適當準則，以保護兒童免於受有損其福祉之資訊及資料之傷害。

兒少都能理解的語言，分享來自許多不同來源的訊息，幫助兒少能夠具備判斷是非的影音素養，為進入成年期做好充分準備，發揮其潛力並有意義的社會參與，在社會中發揮建設性作用。

二、網路數位也要重視影音媒體健康權

隨著網路世代的發展，數位匯流與數位內容也成為趨勢，資訊網路存在於社會脈絡之中，影音節目不限於以電視機收看，可以使用各種資訊設備透過網際網路傳輸收看。兒童福利聯盟2021年6月調查，兒少每周平均上網使用時間為42.7小時，比2020年5月調查的27.2小時增加近一倍，顯現上網是兒少的生活常態。網路多元載具與多元媒介的訊息傳布、數位科技的創新，以廣泛和相互依存的方式影響著兒少的生活和他們的權利。兒童人權與網路訊息之間漸漸受到系統性檢視，網路訊息不只是映現，也形塑及影響兒少的健康發展。聯合國兒童權利委員會重視數位環境快速發展的影響、對兒少資訊獲取的不歧視、數位匯流與數位內容對兒少的保護，於2021年3月發布第25號一般性意見〈數位環境下

的兒少權利〉，希望在網路數位環境中每位兒少的權利都能得到尊重、保護和實現。

　　因數位匯流與數位內容在兒少的生活中發揮著重要作用，網路環境為兒少提供在影響到自己的事務中發表意見的機會，讓他們實現在地方、國家和國際的意見參與。網路環境帶來多元資訊和參與便利性，兒少也可能因被排除在使用數位科技和服務之外而受到歧視，或者因為上網而受到不當言論、不完整或不公平的待遇，兒少可能被招募參與非法或有害的活動，甚至是面對網路霸凌和騷擾、賭博、網路成癮、網路誘拐、兒少性剝削等兒少網路風險。

　　英國14歲少女茉莉（Molly Russell）輕生，經過五年調查，英國官方法醫華克（Andrew Walker）於2022年9月30日判定，茉莉是受到網路內容影響，網路平台包括Instagram與Pinterest的內容引發憂鬱與負面效應，進而發生自我傷害行為。2016年開始，YouTube和YouTube Kids上曾發生Elsagate事件，用仿造成《佩佩豬》、《冰雪奇緣》、《蜘蛛人》、《魷魚遊戲》等動畫影音上傳到網路平台，這些色彩鮮豔且包裝成兒童影片卻包含暴力、血腥、性等不適宜兒少閱聽的內容，影響兒少健康發展至鉅。

　　聯合國兒童權利委員會鼓勵國家應有機制定期查明兒少在數位環境中面臨的新風險，檢視現有法令政策是否足以回應處理，並且聽取兒少對所面臨網路風險的意見。在25號一般性意見中提醒應確保在有關數位網路環境的提供、監管、設計、管理和使用的所有行動中，將每位兒少的最佳利益作為首要考慮，包括尋求、接受和告知訊息的權利、對其意見給予適當考慮的權利，以及受到保護而不受傷害的權利，並弭平數位資訊落差，關注資訊素養、隱私和網路安全。

三、影音媒體健康權落實兒童權利公約四大原則

　　「兒童權利公約」是最具普世價值的國際公約，2014年11月20日聯合國「兒童權利公約」在我國正式生效。本質部分，「兒童權利公約」包括兒童基本權利（生存權、受教育權、平等權、表意權、身分權、隱私權等）、兒童特殊權利（受保護權、受撫育權、發展權、遊戲權等）。實質內容部分，「兒童權利公約」包括生存的權利（充足的食物、安全的居住環境、乾淨的飲水、基本的健康照顧等）、受保護的權利（免於受虐／疏忽／剝削、在危難或戰手中優先得到保護等）、發展的權利（透過教育、遊戲、社會、宗教、文化參與的機會，讓兒童獲得健全均衡的發展等）。

　　「兒童權利公約」第17條是影音媒體健康權，又稱為兒少傳播權、資訊及健康發展權。大眾傳播媒體提供兒少獲得國內與國際各種不同來源資訊及資料，提升兒少之社會、精神與道德福祉及其身心健康發展。影音媒體健康權應尊重兒少人權，確保其身體、心理與人格尊嚴受到保護，與公約四大原則的關係，簡述如**表2-2**。

表2-2　「兒童權利公約」原則與影音媒體健康權的作為

「兒童權利公約」原則	影音媒體健康權的作為
不歧視	1.在語言、年齡和形式呈現方面，所有兒少都應不受歧視地使用影音媒體。 2.影音媒體應避免歧視或貶抑性言語、呈現方式描繪任何兒童群體，包括兒童、父母或法定監護人之種族、膚色、性別、語言、宗教、政治或其他主張、國籍、族裔或社會背景、財產、身心障礙、出生或其他身分地位。 3.影音媒體工作人員，應避免在參加節目製播兒少面前討論可能影響其身心發展的話題，例如為其身材、父母背景取不雅的綽號。

（續）表2-2　「兒童權利公約」原則與影音媒體健康權的作為

「兒童權利公約」原則	影音媒體健康權的作為
不歧視	4.影音媒體有義務挑戰對兒童權利不利的歧視性或污名化觀念。 5.影音媒體節目應注意平衡城鄉差異，內容設計不應局限特定區域兒少的興趣、生活與流行。 6.影音媒體應傳達性別平等與消除性別角色的刻板印象，以培養兒少尊重多元之性別意識。 7.影音媒體觸及文化衝突、省籍、性別、族群等議題，應謹慎處理，平衡呈現多元觀點。 8.兒少節目若需呈現性或裸露的畫面，應搭配相關解說與合適的情境脈絡，避免貶抑任何特定身體形象，例如，在社會崇尚減肥的價值下，培養身體多元美感。
兒童最大利益	1.影音媒體以兒少最大利益原則為基礎，重視兒少自己的觀點和他們正在發展的能力，在使用大眾媒體的權利和免受傷害的權利之間取得平衡。 2.盡量以兒少理解的語言，協助其認識身處的社會環境與世界，不刻意迴避晦暗面，提供認知與學習的機會。 3.影音媒體重點是促進兒少福祉，因此應盡最大可能提供多元且健康內容，以達確保兒少正向發展的義務，積極保障兒少傳播權益。 4.影音媒體不得干預兒少之隱私、家庭、住家或通訊，亦不可非法侵害其榮譽與名譽。
生命、生存及發展權	1.影音媒體內容須適合目標觀眾群年齡。 2.影音媒體內容應包含本國文化、民情、風土，積極發揚本國文化特色。 3.影音媒體應鼓勵創意思考、行動與選擇的自由，以培養兒少的思辨與創造能力。 4.影音媒體應確保兒少身體、心理與人格尊嚴受到保護。 5.兒少應受到特別的保護，以健康的、正向的方式，幫助其獲得身體、智能、道德、精神以及社會性的成長與學習機會。 6.製作以兒少為主體的各類影音媒體節目，讓兒少參與、製作、表達兒少觀點，並且不要把成人的關切與期望，強迫套用於兒少。 7.處理有關兒少的觸法行為、曝險行為、性侵害、受虐等事件，或與兒少討論敏感話題時，在與兒少當事人的接觸過程中，應有父母、師長、親友或專業人士陪同。 8.尊重兒少的身體，不應以偷窺方式運鏡或渲染式的特寫鏡頭，刻意消費其身體。 9.製作兒少節目或可能受兒少歡迎的節目，應避免出現容易模仿的危險動作。節目中如出現特技表演（如吞火）、魔術表演，應隨時以字幕或旁白提醒兒少不宜模仿。 10.為善盡保護兒少責任，影音媒體須依據「兒童及少年性剝削防制條例」相關條文，不得播送未滿18歲者為性交或猥褻行為之內容，或播送足以引誘、媒介、暗示或其他促使人為性剝削之訊息。

（續）表2-2 「兒童權利公約」原則與影音媒體健康權的作為

「兒童權利公約」原則	影音媒體健康權的作為
生命、生存及發展權	11.除非製播內容具有教育目的，或有劇情需要，影音媒體應盡量避免呈現兒少從事「兒童及少年福利與權益保障法」所規範的不當行為，包括吸菸、飲酒、嚼檳榔、施用毒品，觀看暴力、色情、猥褻、賭博等足以妨害身心健康的影音或出版品，或在道路上飆車等危險行為。 12.根據「兒童及少年福利與權益保障法」規定，不得利用兒少攝製猥褻或暴力之影片、圖片。若影音媒體出現與兒少有關的性主題，應注意時段是否合適，並向觀眾適當警示。 13.「兒童及少年福利與權益保障法」亦規範，兒童及少年不得出入酒家、特種咖啡茶室、限制級電子遊戲場及其他涉及賭博、色情、暴力等經主管機關認定足以危害其身心健康的場所。因此上述場所或相關情節，若無劇情上的必要，影音媒體應避免引用為背景畫面。 14.兒少參與影音媒體節目之前，應先取得父母或監護人同意。若在上學時間參與節目，應經校方同意。非特定人物拍攝之一般性取景不在此限。 15.影音媒體可以加強對於兒少健康議題的報導，或兒少健康相關節目。 16.無論是否取得父母或監護人的同意，應謹慎考慮影音媒體在製作或播出時，對參與的兒少可能造成的影響。處理兒童與少年的問題時，必要時得請社工、心理諮商專業人員協助。 17.保護可能透過影音媒體受到威脅的隱私權，尤其是在數位環境中的兒少隱私權。保護足以識別身分之資訊，包括兒童及少年照片或影像、聲音、住所、親屬姓名或其關係、就讀學校或其班級等個人基本資料。 18.參與影音媒體演出的兒少應受保護，不得侵犯兒少演員的基本人權。不可用言語或肢體騷擾兒少，或用斥責甚至懲罰的方式令兒少配合訪問或演出。 19.兒少參與影音媒體時，超時工作將妨害身心發展，若屬聘僱行為，應依「勞動基準法」的規定辦理。
尊重兒童意見	1.透過影音媒體獲取資訊，以使兒少能夠有效地表達他們的觀點。 2.影音媒體應盡可能為兒少提供表達意見機會，為媒體倡議的發展做出貢獻。 3.影音媒體應保護兒少自由表示意見之權利，讓兒少透過以言詞、書面或印刷、藝術形式或透過兒少所選擇之其他媒介，不受國境限制地尋求、接收與傳達各種資訊與思想之自由。 4.當父母或監護人同意，兒少不同意時，應尊重兒少當事人意願。但要特別注意，父母、監護人和兒少當事人可能很難想像在影音媒體曝光的後遺症，因此，在徵詢同意時，應明確告知影音媒體節目目的。若當事人、父母或監護人在受訪後不願播出受訪內容，應不予播出。

（續）表2-2　「兒童權利公約」原則與影音媒體健康權的作為

「兒童權利公約」原則	影音媒體健康權的作為
尊重兒童意見	5.影音媒體排檔時應考量兒少的收視需求。 6.當兒少參與影音媒體產製時，應提供必要的訓練，以協助其參與並發聲。 7.尊重兒少的言論表達自由，影音媒體應讓他們自由發言，不引導其談話，但宜鼓勵其嘗試多元思考。剪輯呈現其意見陳述時，應確保表達原意不被片面簡化或誤解。 8.製播以兒少為主要收視對象節目時，應尊重其接收、近用與表達意見的權利，並納入節目製播之參考。

我國多年來重視兒童權利，國家通訊傳播委員會訂定「兒少通訊傳播權益政策白皮書」，推動「優良兒少電視節目和網站標章」、「電視節目分級細緻化」、「提高兒少電視節目比例」、「建立管理防護機制」、「尊重兒少觀點與意見表達」等措施。同時制訂「兒少通訊傳播政策綱領暨行動策略」，揭示兒少有以下權利：(1)免受不當內容影響、免受政治與商業利益剝削；(2)隱私、名譽、資訊、通信不受任意干涉或不法侵害；(3)維護形象完整呈現於媒體或拒絕露出於媒體；(4)近用通訊傳播媒體與自由表意；(5)接收豐富且優質資訊；(6)接受媒體素養教育。

在廣播電視、電視節目方面，辦理「適齡兒童電視節目標章」評選。「廣播電視法」第21條、「衛星廣播電視法」第27條及「有線廣播電視法」第35條規定，廣告及節目內容不得妨害兒少身心健康。「廣播電視法」第26條之1及「衛星廣播電視法」第28條規定，業者應就其播送之電視節目予以分級；播出內容違反前揭規定者依法核處。

「兒童及少年福利與權益保障法」規範，媒體對：(1)受保護兒少；(2)緊急安置個案；(3)施用毒品或管制藥品兒少；(4)否認子女之訴、收養事件、親權行使、負擔事件或監護權之選定、酌定、改定事件之當事人或關係人；(5)刑事案件、少年保護事件之當事人或被害人之身分不得報導或記載。地方主管如查屬實應依法核處。廣播電視事業評鑑及換照

時，前開兒少隱私保護之辦理情形亦納入審查項目。

　　整體而言，影音媒體具教育目標，重視兒少在媒體中的傳播權利，多元呈現議題，強調「參與」對於發展的重要性，兒少透過身體、心理、心靈、道德、精神及社會的發展，為兒少於「自由社會展開個人生活預作準備」。透過參與的過程，達到個人權利及基本自由的實現，並保護兒少的生命權、生存權和發展權不受威脅。

參考書目

UN Office of the High Commissioner for Human Rights (OHCHR). *Annual Report 2006, 2007*, available at: https://www. refworld.org/docid/47fdfb1a0. html[access 13 January 2023].

Chapter

3

新聞媒體與社會工作：
我見我思經驗談

賴月蜜

- 個人經驗所見
- 新聞媒體的社會倡議力量
- 新聞媒體的自律？他律？
- 新聞自由與兒少隱私權保護
- 社會倡議需要社會工作與新聞媒體
  跨域合作

一、個人經驗所見

　　從小我是啃著報紙副刊長大，報紙是我每天吸收知識的來源之一。大學畢業後，有幸在《中國時報》法務室工作六年，雖然法務室顧名思義處理報社事業體諸多法律事務，但在報業集團的工作，也開展了我對新聞媒體世界的學習與認識。在一則則新聞涉訟案件的處理經驗，有的記者為了探究真相，花時間追新聞，長期在新聞現場瞭解真相，不畏被告風險，只為報導不公之事，其新聞媒體人的專業與熱血，令人敬佩，當然，這麼認真的記者被告，法務室的職責責無旁貸，一路相挺，絕不讓訴訟煩擾記者。

　　新聞專業克盡平衡報導，以維護社會大眾知的權利。過往記者有無冕王之稱，但在人人皆可成為自媒體的當代，似已不復見。又在高喊人權至上的現今，隱私權（privacy），甚至被遺忘權（rightto be forgotten）（Frosio, 2017）的強調，更會與新聞自由拉扯，故即使是公眾人物，何者屬其隱私權？何者屬其可受公評之事？不論著作權、肖像權、個人資訊保護等，都是目前新聞媒體人當具備之智識與專業，特別是社會福利法規，例如「少年事件處理法」、「性侵害犯罪防治法」、「家庭暴力防治法」、「兒童及少年福利與權益保障法」等，均有被害人、兒少保護等個人足以識別之資訊不得報導之規範（詳如附件），在新法一公布後，究竟其保護的範圍為何，究竟可以報導到如何程度，在我過往處理的經驗中，報業新聞多從一件件罰裁事件中記取經驗，從個人到團體才逐漸有其共識。法律應體現在老百姓的生活中，法律的運用也不應該離老百姓如此遙遠，對於規範媒體報導的法律，著實也不應透過裁罰，才使得記者開始探究該如何報導，在強調跨域學習及跨專業科際整合的時代，法律的制定與執行，都應該有更成熟的操作與落實。

二、新聞媒體的社會倡議力量

　　新聞媒體與社會工作有其共同點，其專業價值皆在協助弱勢，伸張社會正義。例如美國Boston Globe，在1970年代社會不重視家庭暴力的嚴重性，包括法庭的審理，Boston Globe透過一則則斗大標題的報導，促使司法對受虐婦女尋求保護，要有積極回應的改變（Ptacek, 1999）。例如：「法院盾牌可拔出子彈」（Court's Shield Can Draw a Bullet）的標題，意謂一張保護令可能會引來一顆子彈，凸顯法庭輕忽家庭暴力所導致的後果。再例如Boston Globe以標題為「家庭暴力難以防止：法律的命令大部分是無效的」，整版新聞報導1986年8月Pamela Nigro Dunn被她的先生槍殺致死，她數次到法院尋求保護未果，記者追蹤她死亡前二周的法庭審理，報導法官不顧及她臉部的傷，駁回她請求警察陪同返家取物的聲請，因而助長她先生的暴力，導致悲劇的發生。Boston Globe更在每年歲末登載當年所有因家暴死亡的姓名，這「守靈」（deathwatch）名單，也在提醒社會大眾對家暴議題的關注（Ptacek, 1999）。Boston Globe最顯為人知的是針對天主教神父性侵兒童一事的追查，在媒體報導後，越來越多的被害者站出來，最終統計出87名涉嫌神父，重新揭開更大範圍的性侵害罪行，Boston Globe就該駭人聽聞的兒虐案，勇於挑戰宗教權威的歷程，嗣後拍成電影《驚爆焦點》（*Spotlight*）[1]，上述都是Boston Globe在媒體社會責任的展現，其強大的社會倡議力量，對人群社會有極大的貢獻。

　　在電影《一千次晚安》（*A Thousand Times Good Night*）[2]，劇情是

---

[1] https://zh.m.wikipedia.org/zh-tw/%E9%A9%9A%E7%88%86%E7%84%A6%E9%BB%9E

[2] https://opinion.cw.com.tw/blog/profile/211/article/1672

根據導演Erik Poppe過往戰地攝影記者的經歷加以改編，片中有一幕是女兒隨著女主角到戰地，在晚上睡覺前，女兒問媽媽為什麼一直要來這麼危險的地方，母親回答：「因為憤怒（anger）。」我覺得這句話，簡短有力，因為這戰地記者要將戰地所見的殘忍與不公，透過影像傳到世界各地，讓世界各地知道這裏所發生的事情，影像會說話，影像的力量，帶來更大的激情，這也是最強而有力對戰爭的控訴。

2017年，在我擔任慈濟大學社工系主任時，曾邀請《中國時報》攝影記者黃子明主任來系周會演講，主講「當影像與社工相遇」。黃主任透過一張張的照相，告訴同學們他是如何從攝影的專業結合社會工作的視角，從自閉症及唐氏症孩子的記錄，到慰安婦議題的拍攝，黃主任告訴同學，影像敘事就是用我們眼睛來說故事，把我們看到的現象、觀點告訴讀者，用我們的嘴巴來問出題材與內容，就跟用眼睛找對象、素材一樣，社會工作結合影像敘事，更能為社會上的弱勢者發聲。

三、新聞媒體的自律？他律？

依「兒童及少年福利與權益保障法」第45條限制新聞紙不得刊載有害兒少身心健康之內容，不得過度描述（繪）強制性交、猥褻、自殺、施用毒品等行為細節之文字或圖片；不得過度描述（繪）血腥、色情細節之文字或圖片。在新聞自由及避免對兒少產生負面影響，限制媒體對於暴力色情事件的描述方式，因「出版法」自1999年業已廢止，媒體新聞在報導上應採自律或他律？早在2003年「兒童福利法」及「少年福利法」的合併修法上，即有許多的討論。當時我擔任兒童福利聯盟研發組組長，在修法的逐條說明，我提到資訊把關的重要性，應該省思如何提供適合孩子心智成長的思想天空，為什麼我們給小嬰兒喝奶水，而不是給他們牛排加紅酒？因為小嬰兒的生理成長還不適宜這樣難消化、

刺激性的飲食，生理的影響易見，那心智的成長呢？在資訊發達、科技突飛的情況下，色情、暴力各種訊息，不斷地透過出版品、電腦軟體、網際網路侵入生活之中，在社會學習效應的影響下，一一印證在國內外眞實的案例中，例如1994年臺北市國小女老師遭二名少年在學校地下停車場殺害，即是少年在案發前看了色情頻道、色情圖片所致。故倘若身爲大人的我們，不爲小孩做保護措施，放任色情、暴力的訊息充斥在他們生活之中，使他們扭曲了性觀念、內化了暴力，就如同我們放任小嬰兒吃肉喝酒般的不負責任，故兒少修法爲保護兒少身心健全發展，規範出版品、電腦軟體、電腦網路應予分級，這些立法絕非扼殺言論自由的空間，過於色情及暴力的資訊，應該是心智成熟的大人自行選擇閱聽與否，法律規範的目的在維護兒少的閱聽權，給予孩子一個健康的成長環境，國家、家長包括媒體都有其責任。

兒少在資訊取得的權利，1989聯合國「兒童權利公約」（Convention on the Rights of the Child, CRC）第17條明文保護，即會員國應體認大眾傳播媒體的重要功能，應確保兒童得以取得多元的資訊及資料，特別是爲提升兒童之社會、精神與道德福祉及其身心健康之資訊與資料。我國「兒童及少年福利與權益保障法」第43條第4項進一步規範，任何人不得對兒少散布或播送有害其身心健康之暴力、血腥、色情、猥褻、賭博之出版品、圖畫、錄影節目帶、影片、光碟、磁片、電子訊號、遊戲軟體、網際網路內容或其他物品。第45條新聞紙不得刊載有害兒童及少年身心健康之內容。第46條爲防止兒童及少年接觸有害其身心發展之網際網路內容，由通訊傳播主管機關召集各目的事業主管機關委託民間團體成立內容防護機構，防止兒少受媒體負面影響（謝國廉，2016）。

2022年英國法院更做出首例認定因網路負面內容導致兒少自殺的裁定，因五年前14歲少女Molly Russell生前瀏覽、按讚和分享2千多則與自殺相關貼文，經其父向法院控訴社群媒體（social media），法院最終認定其自殺與網路內容有直接關聯（Crawford & Bell, 2022）。故在資訊日

益進步的同時，如何做好防護網，也是在資訊提供時，應善盡的社會責任。

四、新聞自由與兒少隱私權保護

2002年發生嚴姓女童疑似性侵案件，家長在立委的陪同下，召開記者會，控訴家暴中心未讓孩子返家，部分平面媒體，公布女童父親姓名、就讀學校年級等，甚至女童父母清楚面貌，嚴重侵害女童之隱私權，有違當時「性侵害犯罪防治法」第10條規定：「宣傳品、出版品、廣播電視、網際網路或其他媒體不報導或記載性侵害事件被害人之姓名或其他足以辨別被害人身分之資訊。」而該立法意旨乃係在保護被害者隱私權之權益，因事件之發生已屬不幸，倘將其個人資訊揭露，無非係再度遭受媒體之侵害，使其傷害再度赤裸裸地呈現在大眾面前，而更難走過傷痛。

進一步言，在兒童性侵害案件中，倘加害者為其父親或有特定關係者，即不得公布犯罪嫌疑人之姓名，其處理方式並不是在保護犯罪者，倘公布父親為犯罪者或犯罪嫌疑人之姓名或其他資訊，豈不等於召告天下，該女童為何人，故基於保護女童之隱私權，媒體亦不應將父親之資訊曝光。不論事情真相如何，女童被捲入性侵害案件，就其身心都需要長時間的重建與輔導，孩子還小，還有漫漫人生要走，終其一生，可能隨時都要接受到他人異樣地詢問與考驗。後續因該事件，2003年「兒童及少年福利法」第46條，即依CRC第16條保護兒童隱私權，增列媒體及文書禁止揭露兒少保護案件，兒少之身分資訊，且任何人亦不得於媒體、資訊或以其他公示方式揭示有關該兒少之姓名及其他足以識別身分之資訊。

在保護兒少隱私權部分，後來因離婚、親權、探視等家事事件

的衝突增多，越趨嚴重，夫妻恩怨總波及子女，父母離間（parental alienation, PA）及國際間父母略誘綁架自己小孩（international parental child abduction, IPCA）的事件層出不窮（賴月蜜，2022）。家庭的紛爭到法庭的對抗，更演變成爲媒體大戰，故2011年「兒童及少年福利與權益保障法」第69條增列就與兒童相關之親權事件，亦禁止媒體及文書揭露兒少之身分資訊。甚至任何人亦不得於媒體、資訊或以其他公示方式揭示上述事件有關兒少之姓名及其他足以識別身分之資訊。依「兒童及少年福利與權益保障法施行細則」第21條，足以識別身分之資訊，包括兒童及少年照片或影像、聲音、住所、親屬姓名或其關係、就讀學校或其班級等個人基本資料。目前各縣市依違反「兒童及少年福利與權益保障法」第69條裁罰的案件，不僅新聞媒體受罰，增多的是爭訟中的父母，因訴訟中的父母常在自己的社群媒體談論訴訟，放孩子的照片，曝光孩子的資訊而受罰。

五、社會倡議需要社會工作與新聞媒體跨域合作

　　社會工作與新聞媒體的合作倡議，近二十年在臺灣有很大的變化。過往，社會工作保守，即使兒少保護或家庭暴力事件成會社會案件，社工多以「個案保密」，不會提供任何新聞，抑或說社工面對媒體的緊張，不知如何回應，也擔心媒體曝光後，對個案的影響，例如上述2002年嚴姓女童疑似性侵案件，社工即以「個案保密」回應媒體，在當時的媒體報導下，重挫社工形象，因該事件，社工界也開始反思社工與媒體的互動（張涵婷，2008）。再加上2010年曹小妹事件，媒體報導從社工個人失職的疏失，移轉至防治網絡人力資源不足的結構缺失歸因。社會工作專業訓練開始強調社工在媒體近用權，著重社工在媒體倡導的專業訓練，社工的角色從最初被動地回應外界譴責，轉變爲主動掌握媒體發

言與倡導權（張佳樺，2012）。一系列的訓練課程，當個案成為社會事件，被迫躍上媒體版面時，社政單位就危機事件處理及應對方式，自組危機因應小組，不迴避的態度，由發言人對媒體公開說明，主動發布新聞稿。

惟社會工作在提供資訊時，也仍應善盡個案隱私保護的責任，非求一時快速，違反個案保密原則，例如2017年台大學生潑酸情殺事件，政府相關單位將整個服務細節向媒體說明，其中有些個人隱私的訊息，遭質疑失守社會工作倫理守則中的「案主保密原則」。依大法官釋字689號解釋，當公眾人物的隱私權與新聞自由有所衝突時，新聞自由應該要退讓。故何況社會工作的對象多非公眾人物，其與事件無關之個人隱私，則不該全都露的提供給媒體（李姿佳，2017）。

社會工作需要與媒體的報導，才能張顯社會倡導的議題。媒體的報導，也常是社會工作協助的對象或所改善的事件，社會工作與媒體兩者實有相互依存關係，彼此在資訊的傳達過程中互有需求（黃惠萍、江長山，2004）。社工和記者，這兩個職業的共同目標是什麼？都有一種社會良知，專注於追求真理、正義和自由。在這樣的目標下，彼此可以互相提供什麼？對被害人而言，媒體以資訊揭露為被害人發聲，是外部支持；社工則從被害人的內在協助，陪伴其療癒的過程，激發其內在的力量，是一種內在支持。跨專業的瞭解與學習，培養具有社會反應能力的記者、精通媒體的社工，社工知道如何面對媒體或記者的訪問與探詢，更能與媒體共同實現社會正義（Stanfield & Beddoe, 2013）。

社會工作在助人的方法上，有個案工作、家庭工作、社區工作，最後就是社會倡導，在前三者的工作，社工的個案有可能被動成為新聞媒體報導對象，故如何善加保護個案隱私，適當提供訊息給新聞媒體，而媒體報導也能不違反法律規範，兼顧新聞自由及滿足民眾知的權利原則。而社會倡導，即有賴社工如何善用媒體近用權，透過媒體力量達到弱勢群體的公平與正義。2019年我在瑞典執行科技部「家在遠方——臺

灣兒童在瑞典之跨國境出養研究」時，陸續遇到四、五十年前，因臺灣販嬰案而被出養至國外的被收養人，這些被收養人已經在國外長大，因出養時資料不全或不真實，尋根困難（賴月蜜，2021）。2022年兒童福利聯盟及衛福部召開記者會，透過記者會的呼籲，強調這些被販嬰的被收養人，他們沒有資料可以尋親，他們只能透過DNA的比對，但目前我們欠缺原生家庭的DNA資料，所以透過記者會的呼籲，曾經有家人被出養的手足或原生父母出面做DNA建檔，因為有另一邊的DNA的資料才能做比對（林曉慧、沈志明，2022）。這些被販嬰者的尋親路，媒體的影響力，已儼然是為他們轉型社會正義，找到原生家庭的最後方法了。

<h1 style="text-align:center">參考文獻</h1>

中文部分

李姿佳（2017年10月22日），〈社工師：新聞自由與社工保密原則的戰爭～一位社會工作者的省思〉，蘋果新聞網，https://www.appledaily.com.tw/forum/20171022/EIIOKQNJBWV6HJSMQKXYQCBRLE。

林曉慧、沈志明（2022年10月5日），〈年幼出養欲尋原生家庭2個案籲各界協助〉，公視新聞網，https://news.pts.org.tw/article/603138。

張佳樺（2012），《「曹小妹事件」之媒體建構與社工的媒體近用》，屏東科技大學社會工作研究所碩士論文。

張涵婷（2008），《當社工遇上媒體──論社工與媒體之互動關係》，臺灣大學新聞研究所碩士論文。

黃惠萍、江長山（2004），〈開展社會工作新思維──社會工作與媒體之互動與學習〉，《社教雙月刊》，119期，頁38-43。

賴月蜜（2021年10月23日），〈返家之路難──販嬰案被收養人尋根之路〉，2021科技部社工／社福學門專題論文研究計畫線上成果發表會。

賴月蜜（2022），〈從社會工作看家事事件法十年有成〉，《司法周刊》，司法文選別冊，2112期，頁9-14。

謝國廉（2016），〈隱私與資訊利用〉，收錄於施慧玲、陳竹上執行主編，《兒童權利公約》，頁147-168，臺北：財團法人臺灣新世紀文化基金會。

英文部分

Crawford, A. & Bell, B. (2022, September 30). Molly Russell Inquest: Father Makes Social Media Plea. BBC News. https://www.bbc.com/news/uk-england-london-63073489.

Frosio, G. F. (2017). Right to Be Forgotten: Much Ado about Nothing. *Colorado*

Technology Law Journal, 15, 307-336.

Ptacek, J. (1999). *Battered Women in the Courtroom: The Power of Judicial Responses*. Boston: Northeastern University Press.

Stanfield, D. & Beddoe, L. (2013). Social Work and the Media: A Collaborative Challenge. *Aotearoa New Zealand Social Work, 25*(4), 41-51. DOI:10.11157/anzswj-vol25iss4id62.

附件　相關法規

「少年事件處理法」第83條

任何人不得於媒體、資訊或以其他公示方式揭示有關少年保護事件或少年刑事案件之記事或照片，使閱者由該項資料足以知悉其人為該保護事件受調查、審理之少年或該刑事案件之被告。

違反前項規定者，由主管機關依法予以處分。

「兒童及少年福利與權益保障法」第43條

兒童及少年不得為下列行為：

一、吸菸、飲酒、嚼檳榔。

二、施用毒品、非法施用管制藥品或其他有害身心健康之物質。

三、觀看、閱覽、收聽或使用有害其身心健康之暴力、血腥、色情、猥褻、賭博之出版品、圖畫、錄影節目帶、影片、光碟、磁片、電子訊號、遊戲軟體、網際網路內容或其他物品。

四、在道路上競駛、競技或以蛇行等危險方式駕車或參與其行為。

五、超過合理時間持續使用電子類產品，致有害身心健康。父母、監護人或其他實際照顧兒童及少年之人，應禁止兒童及少年為前項各款行為。

任何人均不得販賣、交付或供應第一項第一款至第三款之物質、物品予兒童及少年。

任何人均不得對兒童及少年散布或播送第一項第三款之內容或物品。

「兒童及少年福利與權益保障法」第44條

新聞紙以外之出版品、錄影節目帶、遊戲軟體應由有分級管理義務之人予以分級；其他有事實認定影響兒童及少年身心健康之虞之物品經目的事業主管機關認定應予分級者，亦同。

任何人不得以違反第三項所定辦法之陳列方式，使兒童及少年觀看或取得

應列為限制級之物品。

第一項物品之分級類別、內容、標示、陳列方式、管理、有分級管理義務之人及其他應遵行事項之辦法，由中央目的事業主管機關定之。

「兒童及少年福利與權益保障法」第45條

新聞紙不得刊載下列有害兒童及少年身心健康之內容。但引用司法機關或行政機關公開之文書而為適當之處理者，不在此限：

一、過度描述（繪）強制性交、猥褻、自殺、施用毒品等行為細節之文字
　　或圖片。
二、過度描述（繪）血腥、色情細節之文字或圖片。

為認定前項內容，報業商業同業公會應訂定防止新聞紙刊載有害兒童及少年身心健康內容之自律規範及審議機制，報中央主管機關備查。

新聞紙業者經舉發有違反第一項之情事者，報業商業同業公會應於三個月內，依據前項自律規範及審議機制處置。必要時，得延長一個月。

有下列情事之一者，主管機關應邀請報業商業同業公會代表、兒童及少年福利團體代表以及專家學者代表，依第二項備查之自律規範，共同審議認定之：

一、非屬報業商業同業公會會員之新聞紙業者經舉發有違反第一項之情
　　事。
二、報業商業同業公會就前項案件逾期不處置。
三、報業商業同業公會就前項案件之處置結果，經新聞紙刊載之當事人、
　　受處置之新聞紙業者或兒童及少年福利團體申訴。

「兒童及少年福利與權益保障法」第69條

宣傳品、出版品、廣播、電視、網際網路或其他媒體對下列兒童及少年不得報導或記載其姓名或其他足以識別身分之資訊：

一、遭受第四十九條或第五十六條第一項各款行為。
二、施用毒品、非法施用管制藥品或其他有害身心健康之物質。
三、為否認子女之訴、收養事件、親權行使、負擔事件或監護權之選定、

酌定、改定事件之當事人或關係人。

四、為刑事案件、少年保護事件之當事人或被害人。

行政機關及司法機關所製作必須公開之文書，除前項第三款或其他法律特別規定之情形外，亦不得揭露足以識別前項兒童及少年身分之資訊。

除前二項以外之任何人亦不得於媒體、資訊或以其他公示方式揭示有關第一項兒童及少年之姓名及其他足以識別身分之資訊。

「兒童及少年福利與權益保障法施行細則」第21條

本法第六十九條第一項至第三項所定其他足以識別身分之資訊，包括兒童及少年照片或影像、聲音、住所、親屬姓名或其關係、就讀學校或其班級等個人基本資料。

「性侵害犯罪防治法」第13條

宣傳品、出版品、廣播、電視、網際網路或其他媒體不得報導或記載有被害人之姓名或其他足資辨別身分之資訊。但經有行為能力之被害人同意、檢察官或法院依法認為有必要者，不在此限。

前項以外之任何人不得以媒體或其他方法公開或揭露第一項被害人之姓名及其他足資識別身分之資訊。

第一項但書規定，於被害人死亡經目的事業主管機關權衡社會公益，認有報導或揭露必要者，亦同。

「兒童及少年性剝削防制條例」第14條

宣傳品、出版品、廣播、電視、網際網路或其他媒體不得報導或記載有被害人之姓名或其他足以識別身分之資訊。

行政及司法機關所製作必須公開之文書，不得揭露足以識別前項被害人身分之資訊。但法律另有規定者，不在此限。前二項以外之任何人不得以媒體或其他方法公開或揭露第一項被害人之姓名及其他足以識別身分之資訊。

「家庭暴力防治法」第50-1條

宣傳品、出版品、廣播、電視、網際網路或其他媒體，不得報導或記載被

害人及其未成年子女之姓名，或其他足以識別被害人及其未成年子女身分之資訊。但經有行為能力之被害人同意、犯罪偵查機關或司法機關依法認為有必要者，不在此限。

「精神衛生法」第23條

傳播媒體之報導，不得使用與精神疾病有關之歧視性稱呼或描述，並不得有與事實不符或誤導閱聽者對病人產生歧視之報導。

「媒體報導對性侵害犯罪事件性騷擾事件暨兒童及少年保護事件之被害人處理原則」

一、媒體報導性侵害犯罪事件、性騷擾事件暨兒童及少年保護事件，應嚴格遵守性侵害犯罪防治法第十三條第一項、性騷擾防治法第十二條及兒童及少年福利法第四十六條第一項規定，不得報導被害人、兒童及少年之姓名或其他足資識別被害人、兒童及少年身分之資訊。但依法律規定，經有行為能力之被害人同意或犯罪偵查機關依法認為有必要者，不在此限。

二、媒體報導犯罪事件，如涉及與性侵害犯罪、性騷擾或兒童及少年保護事件有關，均應隱去被害人、兒童及少年之相關資訊，被害人已死亡者，亦同。但性侵害犯罪事件之被害人死亡，經目的事業主管機關權衡社會公益，認有報導必要者，不在此限。

三、第一點所稱足資識別被害人、兒童及少年身分之資訊，包括被害人、兒童及少年照片或影像、聲音、住址、親屬姓名或其關係、就讀學校與班級或工作場所等個人基本資料及其他讓人足資辨識被害人、兒童及少年身分之資訊。

四、媒體連續報導同一犯罪事件，其先前報導因未涉及性侵害犯罪、性騷擾或兒童及少年保護事件而有揭露被害人、兒童及少年身分之情形，應自知悉該報導事件為性侵害犯罪、性騷擾或兒童及少年保護事件之日起，依第一點、第二點規定，處理被害人、兒童及少年身分資料之報導。

五、性侵害犯罪事件、性騷擾事件或兒童及少年保護事件之被害人、兒童

及少年與加害人有親屬關係者，媒體報導該案件時，應隱去加害人之相關資訊。

六、媒體訪問第三人，應避免透露被害人、兒童及少年身分。

七、其他本原則未列舉之事項，有揭露性侵害犯罪事件、性騷擾事件或兒童及少年保護事件被害人、兒童及少年身分之虞者，媒體均應主動過濾，避免報導。

「臺北市政府處理違反兒童及少年福利與權益保障法事件統一裁罰基準」（108）

https://www.ws.gov.taipei/Download.ashx?u=LzAwMS9VcGxvY WQvMzU4L3 JlbGZpbGUvMTc5NTcvMzE3MTE3Ny9jMjc0ODNiZi0 wYWY2LTRlNWYtYWZh Ny03OThlMDJlNGQ1NTQucGRm&n=6Ie6 5YyX5biC6JmV55CG6YGV5Y%2bN5 YWS56ul5Y%2bK5bCR5bm056aP5Yip6IiH5qyK55uK5L%2bd6Zqc5rOV5LqL5Lu2 57Wx5LiA6KOB5 72w5Z%2b65rqWMTA4MDgwMS5wZGY%3d&icon=..pdf

Chapter 4

少女議題報導案例解析

王淑芬

- 兒少事件新聞報導相關法規
- 性別事件新聞報導相關法規
- 不當兒少或性別事件新聞報導案例
  分析

　　媒體的新聞事件報導為何需要特別關注新聞中的兒少與女性，因為媒體是一個權力的載具，它影響社會氛圍與輿論風向甚鉅，進而衝擊到新聞事件中兒少與女性的真實生活。未滿十八歲的兒少因尚未成熟獨立，原本即是人權與法規需要特別保護之群體；女性則是因為有高達八成以上的性別暴力被害者（如性侵、性騷、性剝削、家暴等）都是女性，不僅承受被害的創傷，媒體報導中的性別刻板印象或性別歧視都會造成大眾錯誤迷思與不佳觀感，形成社會的不友善對待，一旦身分資訊遭揭露，很有可能會造成被害人的二度傷害，因此新聞中的兒少與性別事件的個人隱私權與不當報導都需要被特別關注與規範。

一、兒少事件新聞報導相關法規

　　「聯合國人權法案」與「兒童權利公約」（已國內法化），提出了當前兒少通傳政策的核心範圍至少涵蓋以下幾個面向（摘自臺少盟「兒童權利公約國內法化對媒體新聞報導之影響」講綱）：

1. 兒少有免受不當內容影響、免受政治與商業利益剝削的權利。
2. 兒少有隱私、名譽、資訊、通信不受任意干涉或不法侵害的權利。
3. 兒少有維護形象完整呈現於媒體的權利，或拒絕露出於媒體的權利。
4. 兒少有近用通訊傳播媒體與自由表意的權利。
5. 兒少有接收豐富且優質資訊的權利。
6. 兒少有接受媒體素養教育的權利。

　　國內兒少主要法規「兒童及少年福利與權益保障法」（以下簡稱「兒少權法」）也有以下規範：

1. 第45條規範新聞紙不得刊載過度描述（繪）強制性交、猥褻、自殺、施用毒品、血腥、色情等行為細節之文字或圖片等有害兒童及少年身心健康之內容。

2. 第46條為防止兒童及少年接觸有害其身心發展之網際網路內容，由通訊傳播主管機關召集各目的事業主管機關委託民間團體成立內容防護機構，並辦理相關防護事宜。

3. 第69條規範宣傳品、出版品、廣播、電視、網際網路或其他媒體對兒少保護、施用毒品、家事事件及刑事案件之當事人或被害人，不得報導或記載其姓名或其他足以識別身分之資訊。

另外在「兒童及少年性剝削防制條例」、「少年事件處理法」（以下簡稱「少事法」）都有針對遭受性剝削兒少、涉及少年保護事件或少年刑事案件中的兒少隱私權做特別保護規範。

二、性別事件新聞報導相關法規

「終止對婦女一切形式歧視公約」（CEDAW）的「婦女國際人權公約」開宗明義即揭示要終止一切對婦女的歧視與偏見，因此對媒體的特別規範如下：

1. 第19號建議書：應採取有效措施，確保與促進新聞媒體尊重婦女。

2. 第35號建議書：制定並執行有效的措施，鼓勵媒體消除對婦女的歧視，包括在廣告、網路和其他數位環境中，在其活動、做法和產出中，消除對婦女或婦女人權維護者等特定婦女群體做出的惡意的、有成見的描述。

國內主要相關的法規也有以下規範：

1. 「性侵害犯罪防治法」（以下簡稱「性防法」）第13條，規範宣傳品、出版品、廣播、電視、網際網路或其他媒體不得報導或記載有性侵被害人之姓名或其他足資辨別身分之資訊。但經有行為能力之被害人同意、檢察官或法院依法認為有必要者，不在此限。

2. 「家庭暴力防治法」第50條之1，規範宣傳品、出版品、廣播、電視、網際網路或其他媒體，不得報導或記載家庭或親密暴力被害人及其未成年子女之姓名，或其他足以識別被害人及其未成年子女身分之資訊。但經有行為能力之被害人同意、犯罪偵查機關或司法機關依法認為有必要者，不在此限。

另外在「性騷擾防治法」、「跟蹤騷擾防制法」都有如同上述任何媒體不得報導或記載被害人姓名或其他足以識別身分之資訊，除非具有行為能力之被害人同意之規範。

保護兒少與性別暴力被害者的身分資訊揭露是最基本的法律規範，可以防止因為標籤化、汙名化，或者是責備被害人文化造成被害人，甚至是重要他人的負面影響與傷害。但是只有身分資訊揭露的媒體規範是否已經足夠，依據「臺灣少年權益促進聯盟」（以下簡稱臺少盟）執行兒少媒體監督與識讀多年建置的「兒少新聞妙捕手」網站，彙整出不當的兒少與性別新聞報導之分析，除了身分資訊的揭露，還有「標題」、「內文」、「模擬示意圖」、「照片」、「其他」等相關議題，我們可以透過以下案例來一一檢視。

三、不當兒少或性別事件新聞報導案例分析

(一)身分資訊揭露

◆童星遭媒體揭露為受虐兒（2015）

https://news.cts.com.tw/cts/entertain/201506/201506041621455.html

· **案件摘要**

某一童星遭父親爆料為受虐兒，遭到媒體頭版且大量報導，當時童星父母正在進行家事事件監護權爭奪，此爆料動作與媒體報導適切性引發網路論戰。

· **報導案例分析**

此新聞事件即使是由兒少法定代理人揭露，亦違反「兒少權法」中規範任何人不得於媒體、資訊或以其他公示方式揭示有關兒少保護事件、家事事件、少年吸毒犯罪事件等，涉及到的兒童及少年之姓名及其他足以識別身分之資訊。而此事件童星涉及到兒虐兒少保護事件及父母正在進行監護權改定的家事事件，包括爆料的法定代理人及轉載報導的媒體都已明顯違法。因此近日有許多名人家庭遭逢兒少監護權爭奪事情透過媒體喊話，包括當事人及媒體都需特別留意家事事件中的兒少及相關人資訊揭露的違法風險。

◆南投高中性侵案件，加害人姓名遭公開（2019）

https://news.ltn.com.tw/news/society/breakingnews/3288296

・案件摘要

南投某高中爆發員警兒子性侵女同學長達兩年，事後嗆聲「我爸是警察」，威脅女同學不得聲張，引發網友憤慨，肉搜其身分並公告全名，流竄各大平台，南投縣政府依「兒童及少年權益保障法」裁罰涉及揭露此案少年行為人姓名資訊之網站。

・報導案例分析

此案因為涉嫌人於行為時未成年，依據「兒少權法」、「少事法」皆不得於媒體、資訊或其他方式揭示有關少年保護事件或少年刑事案件之記事或照片，使閱者由該項資料足以知悉其人為保護事件受調查、審理之少年或該刑事案件之被告。因此網民或網站業者直接揭露此案行為人之姓名，引發媒體公審與網路霸凌，嚴重侵害兒少隱私權，即使是刑事案件行為人，也是違反「少事法」係為保障少年健全的自我成長，調整少年成長環境等立法目的。其次因為行為人的姓名揭露，學校名稱亦被公開，皆會間接影響此案件兒少被害人曝光之風險，造成被害人二度傷害，任何人於媒體公開揭露此案件身分資訊將違反「兒少權法」、「性犯法」，主管機關將依法予以處分。

(二)標體

（聳動誇大、具負面標籤、歧視等社會刻板印象、常見報導陷阱）

◆少女性剝削案件（2018）

https://www.ettoday.net/news/20180127/1101711.htm

・案件摘要

　　一名未成年少女因爲家境清寒，爲了替單親媽媽分擔經濟壓力選擇從事性工作，想要脫離時卻被媒介者拿曝光性工作記錄威脅。媒體則以「17歲少女3個月百人斬！同學男友仲介67次爽賺6.7萬」爲標題做不當報導。

・報導案例分析

　　此新聞報導標題刻意強調該名未成年少女「百人斬」，此用語在目前社會多半用於形容人「性經驗」豐富，並帶有淫亂的負面標籤，也形塑性工作者刻板印象，可能造成該名少女的二度傷害，難以復歸社會。另外針對媒介兒少從事性工作，其實是性剝削的犯罪人，卻以「爽賺」兩個字，同樣有誤導錯誤價值觀、引導犯罪的嫌疑，雖然內文是據實報導，但標題卻非常不恰當。

◆少女性侵害案件（2016）

https://www.appledaily.com.tw/local/20161020/I5KE7L3EPDWJOZ4EF43DI6LIRM/

・案件摘要

　　一名未成年少女與阿姨及阿姨同居人共住，遭到阿姨同居人性侵生子，經法院起訴判決成立。媒體則以「【逞慾動畫】性侵高二女害產子 惡男還給200元安撫」爲標題作不當報導。

・報導案例分析

標題強調「逞慾」，是一種引導閱聽人從性侵案加害人的觀點進入事件，等同邀請閱聽人從加害人的視角消費受害者的傷痛經歷，報導透過動畫描繪性侵犯罪過程與場景，易引發學習或其他負面效果，且受害人據新聞內容描述，已有身心創傷，故此畫面亦是其二度傷害，使兒少造成心理創傷及永久性的負面影響。（摘用兒少新聞妙捕手案例分析）

(三)內文

（引導價值判斷，未審先判，妨礙偵查不公開，具負面標籤與歧視等社會刻板印象，侵犯當事人、關係人之隱私及暴露應保密資料，過度描述犯罪手法或自殺過程，數據錯誤，報導不實）

◆少女遭霸凌事件（2021）

https://www.ettoday.net/news/20210407/1955464.htm

・案件摘要

一名未成年少女借住網友家，據友人說法居住期間家中遺失兩千元，懷疑少女行竊，夥同友人將少女押往望高寮，再灌酒扒光少女衣物，丟包山區，直到隔天有遊客發現，全案才曝光，地檢署偵查後依妨害自由罪起訴。

・報導案例分析

新聞報導標題「臺中少女「裸躺望高寮」！遭六人輪流灌醉扒光，遊客目睹嚇報案」，其中「裸躺」、「輪流灌醉扒光」等文字腥羶，引發誇張聳動吸引閱聽人目光，更有消費意淫被害少女之嫌；另外內文對於犯案過程鉅細靡遺，過度描述犯罪手法，恐引發被害少女二度傷害，也會造成負向模仿與不當學習之效果。

◆性侵害案件（2019）

https://www.appledaily.com.tw/local/20191212/
BWDK2RSRITI5ZEPJNV7DHEWS4A/

・案件摘要

　　一位女性遭男友偷拍裸照，設局讓網友性侵。一審據此依加重強制性交未遂罪判男友4年6月徒刑、網友被依強制性交未遂罪判刑1年10月。上訴後，高院將李男所犯加重強制性交未遂罪加重改判為5年徒刑，倪男維持原判。男友偷拍女友裸睡的行為，被一審依無故竊錄他人身體隱私部位罪判刑4月，得易科罰金12萬元。

・報導案例分析

　　此新聞報導標題「設局女友讓網友性侵，噁男竟只收『清潔費』500元」，從其標題的語句「竟只收」代表報導觀點認為此性侵事件應該收更高價格，文字內容亦有「驗貨」兩字，明顯將女性「性化」與「物化」，造成社會大眾錯誤之認知與價值判斷。另外報導內容對於這位女性遭設局性侵害的過程說明得非常詳盡，加上動新聞（動畫）的輔助，恐有過度描述犯罪手法引發模仿與不當學習，而其寫實的畫面也會造成該名女性或曾經遭受過相似經驗的被害人，再度經歷受創的過程而有二度傷害的可能性。

(四)模擬示意圖、影片、照片

　　（詳細描述犯罪手法或自殺過程，呈現過度血腥、暴力及具性暗示等不當畫面，暴露當事人、關係人之隱私及相關身分資訊）

◆少女遭霸凌事件（2021）

https://www.youtube.com/watch?v=XIYUUVl6b5g

・案件摘要

一名女學生遭一群少女掌摑、怒罵、索討金錢等集體霸凌，後經網友將霸凌影片上傳曝光，網友肉搜加害人資料，警方表示網路爆料與媒體報導時，被害人已經報警，警方依傷害、妨害自由等罪嫌將涉案少女函送少年法庭。

・報導案例分析

在此3分03秒的新聞報導畫面中，僅有6~7秒的時間為警方說明影像，其餘長達近3分鐘的時間皆是以霸凌影片（部分重複）及辱罵掌摑原音呈現，容易讓閱聽人感受震撼與不舒服，亦讓被害人、家屬及有相似經驗的被害人再次經歷創傷經驗。而報導影片雖然有將臉部打馬賽克，但有一位少女因為在鏡頭前吐舌扮鬼臉，編審可能為了強調此行為的不當性，而只有在眼睛部位打馬賽克，加上影片未消音也未變音，衣服也未變色，都將使當中的相關人被辨識出來，此案無論是被害人或加害人都是未成年少女，仍應被「兒少權法」及「少事法」中不得揭露身分資訊的兒少隱私權保障，尤其網路之影片不易被移除，將在這群少女身上留下難以抹滅的負面印記，形成長遠的傷害。

◆少女性侵害案件（2017）

https://www.youtube.com/watch?v=_9_b6d85fl4

・案件摘要

一名女高職生遭黑道協助排除糾紛後，被黑道男威脅強逼到公司上班、同居並性侵害女學生。臺北地院已依對少女強制性交、妨害自由等

罪判黑道男4年8月徒刑，豈料黑道男竟反控女學生涉嫌誣告，不過檢察官認為事證不足，處分不起訴。

· 報導案例分析

　　此報導用真實新聞與動畫畫面交錯呈現，其中在動畫部分有拿刀威嚇劃過血濺，以及性侵施暴的畫面，有違反「兒少權法」過度描繪暴力、血腥等有害兒少身心健康之嫌疑。另外在文字與語言上也影射「乾」女兒的「ㄍㄢ」字，用字粗俗腥羶。最後因為暴露加害人影像，也增加被害人曝光的可能性，造成被害人二度傷害。

(五)其他

　　（搭配新聞之資料不具社會教育之價值與意義）

◆少女酒醉案件（2021）

　　https://www.instagram.com/p/CJvos-eH4k0/

· 案件摘要

　　一名女高中生在課堂上發酒瘋，不僅飆罵全班同學，甚至出手打人，校方緊急叫救護車將女學生送醫，女學生被強押上擔架送醫途中，不斷大吼、尖叫驚動全校師生。校長證實確實有此事，否認女學生在課堂上喝酒，而是元旦連假在家慶祝新年，宿醉到學校上課時發酒瘋，除將學生送醫，並連繫家長帶回。

· 報導案例分析

　　本篇報導引用完全與內文事件無關之模擬照片，此事件是發生在學校校內，並非如同模擬圖片所示發生在校外聲色場所且有酒後亂性之虞；且該模擬圖片也顯在暗示女性喝酒與不當性關係有連結。（摘自兒

少新聞妙捕手案例分析）

　　從上述眾多案例分析，顯見媒體新聞報導只有仰賴法律規範是不足以因應日漸複雜的新聞媒體生態，因此在政府政策推動與民間團體監督下，各家媒體或公會皆陸續建立起新聞自律公約，其中針對兒少及性別事件需要特別留意以下原則：

1.新聞報導應善盡保護兒少、性侵害、性騷擾，以及家暴被害人之責任。
2.謹慎處理身分揭露的隱私權議題。
3.避免複製刻板印象、負面標籤及汙名化。
4.報導內容題材應有所節制，勿過度描述犯罪細節。
5.有關兒少保護及性別暴力等題材之新聞，應避免使用動畫與模擬圖片。

Chapter 5

衛星公會媒體自律案例分享：持續前行的媒體自律之路

詹怡宜

一、衛星公會的群體自律源起

衛星公會STBA成立於2006年，目的是結合各家有線電視台業者力量，為產業提供更好的土壤。其中協調媒體自律成為公會最重要的工作之一。的確在當時的時空背景，是各界充分體認媒體需要受節制的社會氣氛。

回顧一下那時候的媒體狀況：

那是《壹週刊》和《蘋果日報》剛進到臺灣的前幾年，《天下雜誌》也才用「弱智媒體，大家一起來誤國？」作過封面報導，璩美鳳性愛光碟話題鋪天蓋地連續報導、分化族群對立的口水話題在談話性節目中天天被點火延燒。具話題性的許純美和柯賜海等人占據新聞台創造高收視率……導致媒體遭社會批評為「收視率導向的極致庸俗化」，就在那幾年社會認定電視新聞為了收視率，只有「腥、羶、色」，剛成立的NCC也被民眾賦予了「應該設法整頓媒體」的高度社會期待。

時至今日，我們可以想像當時學者專家們對電視媒體的批判，可以想像NCC回應社會的壓力，當然更能夠理解媒體的痛苦自省過程。

特別是經歷解嚴之後，媒體擺脫了政治力束縛，可以高舉新聞自由大旗，卻因市場過渡競爭而陷入收視機制的牢籠。媒體無奈被社會批判為亂源，甚至以「公害」形容，置身其中者難免有些感慨，有些為自己辯護、有些力圖調整，但市場機制如此，收視率數字是媒體工作中唯一的成績單，許多媒體記者編輯們的確認為腥羶色是提振收視的快速途徑。

衛星公會新聞自律委員會是在這樣的情況下成立，決定要認真走向群體自律這條路。但要讓彼此處於競爭關係的媒體同桌會議齊一步伐，其實並不容易。唯有共同調整、同步改變，自律才能有效推動。

二、衛星公會新聞自律的運作方式

STBA組織之下設置新聞自律委員會，2006年成立之初，由於社會氣氛對媒體的整體表現展現出極大的不耐與批判，衛星公會的新聞自律模式決定採取「內部共同檢討」與「外部監督」並行的機制，每兩個月定期召開的諮詢委員會議由學界公民團體組成，由委員們針對有疑義的新聞，要求媒體主管答覆。

多年下來，這個媒體與外部團體的對話平台成為一個獨特的溝通管道，讓多元的價值與外部的監督力量能進入媒體產業中，落實內部新聞產製之把關檢核程序，卻又不受政治力的干涉，維持新聞的獨立性。

因為有這個溝通平台，使得媒體自律不只是各家媒體之間封閉的自我取暖、強化意見，也能挹注社會多元價值與觀點。筆者在2015至2021年擔任衛星公會新聞自律委員會主委職務，深刻感受到這個群體自律平台的意義。

三、新聞自律的實例與挑戰

衛星公會的自律機制是透過一次次的新聞案例進行溝通。熟悉新聞運作的人就會知道，新聞規範的複雜在於：新聞的產出與商品不同，新聞室也不是工廠，新聞作品是許多記者編輯們複雜的眼睛與腦袋，面對複雜的社會運作後形成的內容產品，加上觀眾讀者們也有複雜多元的解讀，形成對各種資訊的認知。很難有一套完整的作業規範，能夠明確解決所有新聞室遇到的問題。但每一次處理經驗的討論，都是一次新聞室的成長，這也就是新聞自律的價值。

　　舉一則2021年底衛星公會自律討論的案例，可以瞭解媒體在處理案件時的實際面對的狀況。

2021/10/12 學長出征「採草莓」！怒學弟網嗆「猴子」擠走廊按汽笛鼓譟

TVBS報導某高中（報導中寫出校名）因為有一名高一生在網路上嗆聲嘲笑學長，數百名高年級學生聚集高一數資班門口，拿手機錄影躁動事件。報導內容包括學弟的IG發言內容、學長與現場的「採草莓」鼓譟行動、校方的處理等。

　　報導這個事件，媒體的出發點與自律考量是：

1. 這是校園內的特殊場面，具有話題性與現場畫面。
2. 報導沒有露出學弟的面孔與姓名，當事人無法辨識。
3. 這是一場喧鬧鼓譟，但應稱不上暴力霸凌。
4. 搭配報導時另外製作了一則「XX高中『群聚咆哮』躁動主因：學長學弟制太嚴苛？！」討論高中校園社團盛行的學長姐制度，使這則報導具積極意義。
5. 相關影片已在網路上流傳，並形成討論，電視台的報導是真實呈現。

　　但在報導一個多月後，在2021年11月30日的STBA第61次新聞自律暨諮詢委員會聯席會議中，這成為會議中討論的重要自律案例（http://www.stba.org.tw/news.aspx?id=20211201094309&dd=20221003132109）。

　　有兒少團體代表認為新聞報導應善盡保護兒童及少年之責任，且依照衛星公會自己的自律綱要：「製播採訪兒童及少年相關新聞應以兒童及少年『最佳利益』為優先考量，本於善意原則，採取必要的保護措施，避免對當事人造成傷害。」認為這是一種校園群體霸凌公審的行為，對於報導中呈現校名、拍攝到班級，已提供足以辨識身分之資訊，建議新聞媒體作為資訊傳播的媒介，應提供閱聽人正向的教育資訊，在新聞報導後也應強調校園不該有如此霸凌行為，或應適時加上反霸凌專

線等標語，展現本則新聞內容對於大眾的提醒與價值。

到底這起事件算不算霸凌？其實諮詢委員、政府機關不見得意見一致，媒體間各自也有不同想法。

從媒體的角度，不報的決定可能比怎麼報更容易。然而自律的定義不是為將來各種兒少相關案件畫一條規範的紅線，而是去思考，當呈現真相時，媒體角色應如何在報導與保護兒少之間取得合理平衡。或許不是討論這類兒少議題未來能不能報導，而是該如何報導才符合保護兒少又不致擔心觸犯兒少相關法規，而對兒少議題過度自我設限，因而反致遮蔽真相。

當天這場關於某高中「採草莓」事件的討論，並沒有作出明確的新聞該下架、未來不能播出的決定。但報導這起事件的TVBS新聞部在內部教育訓練中以此作為案例討論，經討論後內部形成共識，未來這類關於兒童與少年失當行為的報導，確實應以兒少最佳利益並考量當事人成長後仍有被搜尋辨識的可能，應盡可能隱蔽包括校名等資訊。這就是自律學習的過程。

四、衛星公會的自律機制

當新聞台每日處理上百則新聞時，自律除了是持續學習，也需要不斷彼此提醒。衛星公會的自律機制除了透過定期會議討論之外，也透過衛星公會群組協調自律。

群體自律確實是一門功課，因為這是一個具有商業競爭關係的群體。當各媒體單獨面對自律議題時，可能擔心其他媒體的步伐。例如：「我台基於倫理自律理由不報導某則新聞，但其他台都報了怎麼辦？」「只有我馬賽克，但別台都看得清楚，是不是收視率會更高？」

當知道其他新聞台也跟自己相同自律時，不同媒體之間可以形塑產

業文化。目前在衛星公會群組裏有超過七十多名來自公會各新聞台的新聞主管代表。新聞自律委員會主委作爲各台自律的提醒人,當新聞事件發生時適度的提醒,有助彼此合作。媒體之間的自律類型廣泛,非單一議題。

(一)立即發揮集體自律的效果

事前的發動提醒,避免事後協調的困難。例如,2021年疫情初升高,當時擔任防疫指揮官的衛福部長陳時中擔心媒體若在篩檢站捕捉畫面,可能影響民眾前往篩檢的意願,於是發動媒體間的自律。

2021/05/13 疫情升高之自律提醒

疫情升高,謹此提醒:

1. 各新聞台本於職責善盡報導的同時,務必做好防疫措施,敬請提供貴公司同仁充分防疫資源與設備。
2. 陳時中部長今天公開在記者會中拜託,由於該地區族群較特別,籲請媒體勿拍攝萬華篩檢站,以免造成疫調困難,影響防疫追蹤。

本會即時起啓動自律機制,不拍攝萬華篩檢站畫面,避免妨礙疫調進行。

在當時對電視台來說,疫情新聞的報導中很可能以萬華篩檢站作爲拍攝主題,但從整體防疫考量,各台皆能同意配合,只是如果沒有特別群體提醒,各自不能確認他台狀況,唯靠集體自律能達到效果。

另外,媒體通常會各自遵守法律規定,包括「廣電法」、「選罷法」、兒少相關法令等具體明文規定,但有時對法律的解釋或有不同見解或處理方式,此時自律委員會的協調機制會協調各家媒體,採取可以同步的最大公約數,避免各台之間的競爭。有時可能因此採取高於法令要求的標準,例如,雖「選罷法」僅規定選舉活動在投票日前一日結束,投票當日不得有競選或助選行爲,但投票日凌晨的選舉新聞是否視

為助選行為？法律見解皆不相同，為求公平，電視台共同協調當日凌晨起不重播前一晚選舉新聞。

2018/11/23 投票日凌晨新聞報導之協調（11/19）提醒

投票日當日（凌晨零時起）：
依「公職人員選舉罷免法」第56條第2款規定：「政黨及任何人，不得於投票日從事競選、助選或罷免活動。」
衛星公會新聞各頻道同意以下協調內容：

1. 11/24 00:00起（包括重播時段）不再播出前一日或之前選舉相關新聞報導與政論節目。
2. 11/24當日報導則依各自新聞判斷，提醒報導候選人或不同政治人物投票或任何最新採訪內容時，避免助選競選風險以免違法。

　　此外，新聞內容的自律不只是基於法令，有時是基於倫理、尊重、同理心，以及社會教育的意義。

　　例如對自殺新聞，由於研究發現，自殺新聞的報導與自殺率相關，因此自殺防治會以協調媒體自律為第一步。衛星公會的「新聞自律執行綱要」中，對於自殺新聞有特別規範：「1.自殺事件屬個人行為、個人情緒，且未造成公眾危害，或未涉及公共利益者，不予報導。2.自殺事件屬大庭廣眾下的自殺、政治人物或具公眾形象之知名人士自殺，或與公共議題有關的自殺行為，得以謹慎的態度和較少之篇幅（時數）予以報導；惟仍應避免現場立即轉播。」

　　原則不報導，例外才報導，然而，涉及公共利益的標準為何？為課業壓力自殺是公共利益嗎？知名人士或公共議題相關的自殺行為有報導空間，但怎麼報導才符合自律規範，新聞台內常需要彼此提醒。

　　以發生在2017年一起令人震驚的女作家自殺案為例，這是自殺事件，但因為涉及對補習班老師曾在其少女時期性侵害、誘姦等指控，這則新聞該不該報導？如何報導？在當時引起新聞自律討論。在出版社發布父母親聲明當天，自律委員會啟動自律，確定不做現場直播、照片馬

賽克等。雖然因當事人已過世、父母也未反對報導，依法並無報導上的限制，但第一時間電視台仍決定採更高標準的自律。

2017/4/28 某女作家輕生案（第一次自律提醒）

關於女作家不幸輕生案，STBA新聞自律委員會今天上午啟動自律機制，經討論決議對下午記者會不做現場直播，雖然法律的解讀認定不見得完全一樣，但基於尊重死者，各電視台皆以不揭露面貌、隱匿姓名方式處理，感謝大家的相互提醒與協力自律。

然而新聞事件滾動式發展，許多複雜因素隨著平面與網路媒體的報導受到討論，包含出版社、父母、涉案補習班名師等當事人陸續有新的報導進展，經與自律委員會成員們再度協調，提醒這起事件需在追求公義的意義與法律無罪推定的原則之間求取平衡。

2017/5/4 某女作家輕生案第二波提醒

1. 當事人姓名與面貌是否揭露，經與各台主管溝通，有的台稱以父母意願為標準，有的認為重點是我們不能確知當事人意願，要以更高標準。原則上都符合STBA自律原則，請各台自行審奪。
2. 對可能的加害者要報導到什麼程度？仍然提醒自律規範中有避免未審先判的原則。但伸張公義也是媒體責任，這界線如何拿捏，需要在報導上謹慎技巧，避免沒有證據的揣測報導，殃及無辜。
3. 建議我們媒體應在這起悲劇的討論中達到積極社會意義，發揮正面角色，目的不在揭露更多被害者或加害者個資，是避免更多悲劇發生。

因此事件特殊性與複雜度，自律原則不是畫一條線作規範，請各台自行依自律綱要精神討論，謹慎處理。

(二)「新聞自律執行綱要」滾動修正，讓新聞自律與時俱進

正因新聞事件的複雜性與考慮面向的廣度，衛星公會透過多年陸續開會，擬定「新聞自律執行綱要」，算是一份新聞自律操作手冊（http://

www.stba.org.tw/file_db/stba/202202/18q9h43er0.pdf）。

　　這十多年來的固定會議，自律委員（媒體代表）與諮詢委員（學者專家）陸續討論完成這份逐步增加爲上萬字的「新聞自律執行綱要」。光是分則部分，共列出犯罪事件處理、自殺事件處理、人質事件處理、災難或意外事件處理、群眾或抗議事件處理等，共19項。每一項幾乎都隨著新聞事件發生後，或者相關法律調整後，經過媒體代表與學者專家逐項討論所達成的共識。

　　每一次的報導經驗都累積成爲自律檢討的素材，翻開這份「新聞自律執行綱要」，也幾乎是媒體經歷這些臺灣重大事件的過程與檢討。例如2009年的八八風災，那場造成小林村滅村的意外悲劇之後，經過討論2009年11月增列「災難或意外事件處理」分項，其中「對在靈堂、救災指揮中心等，均應避免『侵入式』採訪、拍攝」，即是回應社會各界對於部分電子媒體在災難現場的報導態度，希望對罹難者家屬給予更多同理心與尊重。

　　2016年發生內湖隨機殺害女童命案、2019兒少新法修正等社會關切，公會也新增第17項「兒少保護對象新聞事件之製播處理」。之後第18項事實查核爭議之相關處理，與第19項第三方影音素材電視新聞製播處理，也都是針對法令的調整或新聞台的缺失重新檢討規範。

(三)回應社會期待、喚醒媒體自覺

　　臺灣的媒體自律觀念發展源於2006年左右，國家通訊傳播委員會（NCC）在內容監理同意以業者「自律」（self-regulation）、民間「他律」（co-regulation），以及政府「法律」（regulation）之三律共管模式，作爲廣電媒體管制之核心架構。廣電三法修法過程中也以尊重媒體專業自主精神，強化媒體自律與問責機制爲主要精神。

　　STBA自2006年至今，共開過60多次自律與諮詢委員聯席會議，透

過各新聞台媒體主管與民間團體專家代表的歷次會議，可看出自律平台已經發展成爲相對成熟的自律機制。

五、媒體的日常：自律理論持續的挑戰

然而，自律之路絕對不是一條一蹴可幾、快速成長的道路。新聞媒體仍然每天面臨自律挑戰。

有時是記者的主觀或刻板印象：

2021/2/20 網紅罔腰宣稱懷孕注意報導文字之提醒

網紅罔腰宣稱懷孕引起爭議，自可受公評。但也提醒注意報導文字，避免造成對跨性別者的刻板印象或擴大偏見形成歧視言論。

有時是報導角度上傾向獵奇，或忽略兒童觀眾可能受到的心理影響。

2020/11/23 桶屍命案之提醒

關於桶屍命案新聞，因手法兇殘駭人聽聞，敬請主管與編審提醒同仁對於犯罪過程的報導與畫面、字幕呈現，應依新聞普級原則，避免對兒童造成身心恐怖影響，並請避免報導中渲染或戲劇化。
請參考「新聞自律執行綱要」中犯罪事件處理原則：
‧避免以誇張、煽情或刺激方式報導刑事案件。
‧避免詳細報導犯罪手法，以免產生模仿效應。

以及，新聞記者工作本來就需要不斷學習的查證、力求精準、追求眞實的能力。記者的報導與消息來源都有犯錯的可能。哪些錯誤是不能容忍的失誤？

2022/8/22 臺南殺警案兇嫌「真面目」報導錯誤自律檢討

臺南殺警案發生當下，記者根據警察非正式流出的鎖定對象內容，報導陳姓通緝犯相關資料，連同照片，當晚陳嫌投案證實並非兇手。

電視台內部自律檢討：

1. 即使警方內部流出且未否認的訊息，未確實查證逕行報導則違反自律原則。
2. 警方公開通緝且具危險性的嫌犯確實不一定要馬賽克遮蔽，但對未確認嫌犯則仍須保護。
3. 基於無罪推定原則，犯罪嫌疑人在未經法院判決確定前，採訪、報導時應保護人權。

追求公義與保障人權均為新聞媒體高度重視之事項，惟保障人權實屬最核心之價值，媒體並非司法警察，新聞媒體尤不應於不慎之際成為侵害人權之加害人。

　　每一則新聞的產出都在時間壓力下，記者採訪的認知、自律的訓練是每一日的功課。

　　然而新聞自律不只面對記者的訓練，還包括整個組織的管理。

2022/5/6 09:12 標題臺積電股價錯誤

1. 記者報導口述內容正確，但錯誤標題出現40秒「臺積電一早跌逾百元 電金傳齊殺開低走低」，因記者尚未完稿，主管未查審出，編輯在記者告知後未即時找出錯誤標題，一連串不夠謹慎導致發生應能避免的失誤。
2. 事發後緊急更正，並由主播口述致歉澄清。

六、媒體自律，一條漫長的學習之路

　　媒體自律是一條辛苦的學習之路，從記者、編輯、各電視台，再到衛星公會的群體自律，目的是希望這個產業負應盡的社會責任。

　　但最後再舉一例，2015年12月22日晚間，傳出臺東大學學生遭歹徒挾持。第一時間筆者在衛星公會自律群組中提醒，基於人質安全，警方

請託媒體不要搶快報導。同業配合度很高，當天晚上電視新聞一片寂靜無聲，但是網路媒體、電子報、即時快報大篇幅報導，圖文並茂，甚至媒體與嫌犯直接對話溝通，問答過程鉅細靡遺。第二天清早打開報紙各報頭版頭條……。

各新聞台仍然持守自律，身為自律委員會主委，當天筆者的壓力極大。

「除了電視媒體，訊息早已全國皆知了……」

「四大報都報導了，網路更是即時更新，唯獨電視媒體謹守自律，在人質安全與民眾知的權利之間沒有空間？」有同業在群組中這樣問。

「嫌犯手上有手機，數位匯流，平面和電視幾無差異，法規卻寬鬆截然不同，我們該思考如何因應」

「除了電視媒體，訊息早已全國皆知了……」

確實，多元資訊管道中，如果只有我們衛星公會新聞台這樣謹慎自律，還有意義嗎？

所幸各新聞台仍配合群體自律，按兵不動隻字未提。當天筆者持續與警方聯絡，警方認為新聞台加入報導，恐怕讓已經夠混亂的現場更添風險。

我們彷彿在守著一道意義不大的防線，但大家還是相互提醒配合，持續守著。直到下午人質事件落幕，大家鬆一口氣。我們又完成一次自律協調任務。但也很清楚，隨著媒體科技與環境的變化，媒體自律的功課越來越複雜。一次次新事件也幫助我們累積共同經驗，一次次獲得新的學習。

慶幸的是，衛星公會的新聞自律機制是透過彼此溝通對話討論，不是誰命令誰指導，大多狀況也不是來自NCC他律規範，而是成熟理性的討論，以共同合作追求進步。

這條漫長道路上，我們的確常重複討論類似議題，主管們也需苦口婆心一再重複教育新進記者同樣的內容，甚至每一次新聞發生，媒體也還是可能出錯。但至少這條路上我們繼續走繼續學習，正一點一點進步中。

【媒體實踐篇】

Chapter 6

The Mosaic is the Massage：
馬不馬，有關係？

高政義

關於電視新聞畫面馬賽克（pixelated）的問題，筆者想起多年前，有一次到國家通訊傳播委員會（NCC）開會，內容處的主管曾對著我們幾位出席的新聞台代表問：「你們幹嘛經常把新聞畫面馬得什麼都看不清楚？」

這個問題可讓現場幾位新聞台主管哭笑不得，「啊……不就都是因為你們的法令要求的……」。

現行法令中，新聞畫面中須避免露出或遮蔽身分的規定，其實不少。「性侵害犯罪防治法」、「兒童及少年性剝削防制條例」、「兒童及少年福利與權益保障法」、「家庭暴力防治法」、「電視節目分級處理辦法」、「電視節目廣告區隔與置入性行銷及贊助管理辦法」，甚至是「菸害防制法」等。

基本上，如果符合前述法令的新聞對象，都應該遮蔽其身分，不管是在新聞內容的敘述，或著是新聞畫面的呈現。閱聽人對於電視新聞的監督，經常透過向NCC檢舉，幾乎所有的檢舉函，不管是否具體，NCC都會發文請電視台解釋說明，以致在日常的新聞編播上，都相當小心地避免踩到法令的紅線，落實在千奇百怪的新聞現象上，經常讓馬賽克後的新聞畫面，顯得怪奇。

一般最常見，會讓整個新聞畫面糊成一團的，就是知名藝人的代言產品發表會場景，記者前往這樣的新聞場合，多數不是報導代言產品，而是追逐藝人的當下話題為主，但即使新聞完全不提到商業代言的部分，一般新聞台為了避免被判定是置入性行銷或涉及廣告化，還是會從MIC牌到背板，把所有的品牌名稱、LOGO，全部馬賽克處理，所以畫面常常會變成藝人身陷一團「迷霧」之中。

品牌露出可能會遭到什麼樣的糾正，幾年前，NCC曾發出一個核處警告的案子。該則新聞內容是，小籠包名店經常大排長龍，過去是由店員現場發號碼叫號，可是店員喊到喉嚨沙啞，後來改成用叫號機，為了要讓語氣和現場服務一樣，所以是由擅長各國語言的店員，一句一句地

錄製好來播放。

　　這應該是一則屬於略帶人情趣味的產業生活新聞，雖然新聞內容，完全未提店名，只以「知名小籠包店」、「小籠包名店」稱之，但是如果在國際知名的「鼎泰豐」招牌上打上馬賽克，可能也會讓觀眾覺得奇怪，所以播出時，就決定讓招牌自然露出。

　　不過，NCC的來函指稱，該則新聞內容報導過程中反覆提及知名小籠包店、小籠包名店，並屢次出現「鼎泰豐」招牌或字樣等畫面，已具明顯為特定廠商推介及宣傳之意涵，致節目未與廣告區隔，已違反「衛星廣播電視法」第30條，最後做出「警告」處分。

　　還有一個特殊的例子，就是iPhone的新品發表會，每當賈伯斯發表蘋果新手機，從外電到國內媒體，均大幅報導，從賈伯斯的穿著手勢，到蘋果新手機的功能外觀，不只是單一品牌，而且是「連名帶姓」地報導，多數廣電媒體也都是這樣報導，但似乎也沒有引發廣告置入的質疑或裁罰。

　　這種奇特的現象持續了滿多年，一直到最近幾年，開始有民眾向NCC檢舉，認為電視台報導蘋果新手機，有廣告化嫌疑，而NCC一律都會把這些檢舉轉給新聞台，要求做出說明。弄得不少新聞台，遇到蘋果發表新產品，因為無法馬賽克品牌（一旦遮蔽品牌，這則新聞就會變得更沒頭沒腦了），所以在處理這則新產品發表會的新聞，就得絞盡腦汁，設法找出一點新產品的缺點，或是找出其他品牌的手機款式（不管是不是同期發表的），硬是加進這則新聞裏，以免被認定為單一品牌的廣告化新聞。

　　是否有犯規的意涵，主管機關的裁量空間很大，所以大家常常會在電視新聞上看到，穿著低胸服飾的女性，明明三點不露，但是卻在胸口打上一團馬賽克，原因也就是擔心會觸犯「電視節目分級管理辦法」規定，「任何涉及性行為、色慾或具性意涵等之內容」，因為「性意涵」實在很難定義，到底胸口露出多少，會被認為有「性意涵」，不好拿

捏，所以大部分就馬賽克了。

2010年，筆者的一位記者同事，採訪了一則名人故居的專題新聞，其中一處場景是大師林語堂故居，林語堂喜歡收藏菸斗、抽菸斗，介紹林語堂，自然會使用到他抽菸斗的畫面，但是根據「菸害防制法」第22條，「電視節目、戲劇表演、視聽歌唱及職業運動表演等不得特別強調吸菸之形象。」同事來問我：「播出林語堂大師這麼瀟灑的抽菸斗畫面，會不會被認為是『特別強調吸菸之形象』？」

林語堂抽菸斗的畫面，到底算不算「特別強調吸菸之形象」，光從法令的字面上解讀，實在很難認定，不使用這一段畫面能不能製作這則新聞？當然可以，只是就新聞報導的本質，沒有林語堂生前影像，整則新聞失色許多，何必要因噎廢食？但是剪輯進去之後，若遭認定是「特別強調」，則可能又有相當煩瑣的行政裁處要面對，不過筆者還是覺得，如果真的在林語堂大師生前抽菸斗的畫面上，打上一團馬賽克，那還真的是有辱斯文了，最後，決定原樣播出，還好，沒有接到任何行政單位來函糾正。

但是，約莫在2010年左右，發生了「航海王」卡通裏的角色人物「香吉士」抽菸的畫面，遭到播出電視台馬賽克的事件，引發動漫迷嘩然。後來國民健康署與NCC都分別表示，電視節目應維護兒童身心健康，但都否認有對電視台下行政指導要求打上馬賽克，然而，電視台不會沒事找事做，之所以會在卡通上後製馬賽克，當然就是擔心踩到「菸害防制法」、「廣播電視法」和「衛星廣播電視法」，「電視節目內容，不得傷害兒童身心健康」的條文。

對兒少保護的新聞馬賽克畫面，還有一個尷尬的案子。

2019年5月，臺中發生一起翁姓角頭槍擊命案，在逃凶嫌是一名未滿18歲的廖姓少年，這名少年早先就曾因犯下另一起槍擊案，名字與照片就曾列入查緝專刊，警方發布通緝之後，部分媒體直接引用照片，也有媒體馬賽克之後刊登播出。兩種做法都引發爭議，前者當然是遭到質

疑，未能善盡兒少保護之責，後者則是讓看見這則新聞的觀眾、讀者一臉疑惑，「都馬賽克了，還怎麼通報抓逃犯？」

　　這個爭議，後來是當時的內政部兒童局認爲不妥，發函警政署，要求警方應保護未成年嫌犯個人資訊，並檢討專刊刊布方式。警政署在考量保護少年相關法令的規定，認爲還是得審慎處理，因此在6月16日立即將廖姓少年的資料撤除。

　　因爲少年保護或人權問題的考量，撤下或遮蔽在逃嫌犯的通緝畫面，還發生過一個特別案例。2018年6月，屏東發生一起加油站鬥毆案，一名海軍陸戰隊員遭誤認攔車被槍殺身亡，洪姓嫌犯逃亡了幾天後，在臺南市善化區落網，警方懷疑梁姓友人涉嫌藏匿人犯，身爲屋主的梁男父親表示，不知道對方就是殺人凶手，並反問：「電視都馬賽克，我哪認得出來？」

　　2022年8月22日發生的臺南殺警案，又是一個例子。案發當天，媒體與警方都在追這名嫌犯，警方一直沒有正式公布當下鎖定的嫌犯是誰，但是對於一名連殺二警，還奪得槍彈在外逃竄的危險分子，媒體不可能只是被動地等候公關新聞稿，於是部分媒體先是刊登了一張陳姓嫌犯的口卡照，而且沒有馬賽克。

　　所有媒體競相向警方查證這張口卡照，是否就是追緝中的殺警案嫌犯，警方也一直沒有對外否認，甚至一度派員前往陳姓嫌犯家中，希望家人能夠召喚陳嫌到案。與此同時，警方雖然沒有否認，但也沒有承認此人就是殺警主嫌，所以也有部分媒體是馬賽克了陳姓男子的臉。

　　同樣的問題又發生了，不少觀眾打電話進電視台，大罵爲何要馬賽克追捕中的嫌犯？是在搞什麼？由於嫌犯還在逃竄之中，命案所在地臺南的成功大學，還緊急發了公開警告信給學生，「通緝犯仍在逃逸，並持有槍枝，請同學夜間盡量不要出門，也不要行經人煙稀少地方，並注意自身安全。」所以也有許多民意代表，在個人的社群媒體上，不只公開了該張口卡照，還把PTT上可能是過去與此人有債務糾紛的網友，所

公布的陳男無馬生活照公開，要求全民共同追緝。

到了深夜，陳姓嫌犯終於到案澄清他並未涉及殺警案，於是，又出現另一名陳姓嫌犯的照片，電視台這次全都馬了，但還是有部分網路媒體未馬，幾個小時後，再度排除。臺南殺警案的嫌犯照片錯置，自然引發了許多反省與檢討的聲音，認為媒體不應求快，而忽略了嫌犯的人權。

偵辦中的案件，不論加害者、現行犯、嫌犯都得馬賽克，社會新聞畫面中的血跡要抽色，歹徒揮舞刀槍的畫面也得抽格或馬賽克，新聞的真相遇到法令與人權問題，價值的天平很難取得完美的平衡。

「電視節目分級處理辦法」提及任何對未滿六歲之兒童發生不良影響之暴力、血腥、恐怖等情節，法令的制訂者，似乎認為這個社會是真空的，只要用馬賽克緊緊包裹住電視新聞，就可以製造出一個完全淨化的媒體空間，讓純潔的孩子不受污染。

2021年4月發生的太魯閣號出軌意外，其中有一幕，一位醫師在黑暗的隧道內，緊緊抱住一名孩童，這張照片令人動容，災難之中的人性光輝，但是為了避免這名孩童身心受影響，即使是平面媒體或著中央通訊社，還是得把這孩子的臉打馬賽克，電視新聞就更不用講了。所以普立茲攝影獎的得獎作品，不管是在越南躲避轟炸的赤裸小女孩，還是1996年奧克拉荷馬市的炸彈攻擊案，手抱沾有血跡嬰兒的消防員，到了臺灣，如果要上大眾媒體，一律得打上馬賽克，至少也得把血跡抽色（變成黑白）。一張打了馬賽克的照片，是不是還能參賽得獎，可能就是個問題。

普立茲攝影獎的作品，多的是有屍體的場景，但是臺灣的電視新聞絕對不可出現有屍體的畫面。所有的屍體，甚至屍袋，都會被馬賽克處理。2015年敘利亞難民小童，所搭乘的偷渡小船進水遇難，面朝下趴臥在土耳其的沙灘上，口鼻浸在海水與沙粒中，小男孩動也不動，顯然已經死亡，潮起潮落，鮮紅衣裳，荒涼沙灘，淒涼的畫面，敘說著戰亂與

Chapter **6**　The Mosaic is the Massage：馬不馬，有關係？

家庭的時代悲劇，這個畫面如此之震撼，到了臺灣的新聞台，在面對歷史的感慨之餘，還是得討論，「兒童屍體底要不要馬賽克？」，最後的答案，筆者所工作的新聞台，還有幾個新聞台，都還是馬了。

即使是臺中科博館展出的「兩千歲木乃伊」，館方拉出來做宣傳時，一樣馬賽克。還有臺南美術館日前展出的「亞洲的地獄與幽魂」，用道具製作的清朝僵屍道具，在網路上被瘋傳，但電視新聞播出時，臉部一樣馬賽克，後來電視台攝影記者覺得煩了，乾脆直接拍後腦勺，因為新聞台是全天候普級播出的頻道，所以不可播出任何可能讓兒少驚恐的畫面。

什麼樣的新聞現場會讓兒少覺得驚恐？根據過去遭裁罰的經驗歸納，虐童畫面、歹徒拿刀砍人、持槍威脅、車禍撞人、輾人過程、暴力毆打、黑幫凌虐，以上這些畫面，是新聞台的禁忌畫面，只要有這類新聞，有的台可能選擇不做，如果非做不可，必然是抽格或者停格，所以觀眾經常會看到比慢動作還慢動作的社會新聞，還有，如果新聞現場有發出淒厲叫聲，也得消音，或者盡量簡短。政府希望能夠保護觀眾不受負面影響，新聞台能找不到更好的方式處理，只得這樣處理。

所以，像1995年重犯張錫銘在山區和警方正面遭遇，手持衝鋒槍挾持一名老農，被記者捕捉到的驚險畫面，就再也無法完整呈現，許多新聞台在製作臺灣重案回顧的節目時，這段畫面，統統都打上了厚厚的馬賽克。

一樣是持槍畫面，如果是警方圍捕嫌犯的持槍破門畫面，因為這是「正義之槍」，不致造成驚恐，所以並沒有馬賽克，也不曾因此挨罰，但是如果果歹徒持槍，「邪惡之槍」就要很小心。

雖然法令與裁罰的標準認定，在面對千奇百怪的新聞現場時，常有讓人尷尬的處境，但是時代與觀念都在進步，新聞從業者也不能囿於獵奇與窺探的心態，有些畫面，即使打上馬賽克，真的也是不宜播出。例如，前一陣子，到處都傳出有臺灣民眾被販運至柬埔寨從事詐騙業，甚

至遭到割除器官的訊息，有不少熱心的民眾，紛紛提供了據傳是在當地因為不配合詐騙集團，遭到毆打凌虐的畫面，畫面看起來相當淒厲，雖然這些畫面有真有假，部分並不是柬埔寨現場的，即使打上馬賽克，很難描述其中的畫面內容，不如就直接略過。

英國作家狄波頓（Alain de Botton）的著作《新聞的騷動》（*The News: A User's Manual*）裏寫道，「每次收看新聞，一定都會看到種種駭人聽聞的傷亡事件受到鮮明生動的報導：憂鬱的男子跳出窗外、母親毒死子女、老師強暴學生、丈夫砍掉妻子的頭。新聞總是能夠帶領我們進入人類恐怖事件的大熔爐。」

「在這種時候，若是想要把目光轉開，堅稱這類死亡與創痛實在太過哀傷也太過私密，不該受到陌生人的注視，無疑是一種值得讚許的衝動。從這個觀點來看，任何的好奇都是一種可恥的現代病態。」

狄波頓認為，人性的光明和黑暗，都是前往美好人生不可或缺的一部分，藉由悲劇認識人性的不足，才能前往更好的未來。當然，把每天可見的社會新聞比擬成史詩悲劇，這是個偉大的目標，但這不是件容易的事，是需要所有新聞工作者努力的，但是，如果只是用完全禁絕與馬賽克的方式，處理這類的新聞，那就很難幫社會新聞洗脫污名。

電視台的馬賽克當然不是Mosaic，Mosaic是一種拼花圖案，經常運用在磁磚或玻璃門窗上，馬賽克玻璃門窗，除了企圖塑造的藝術美感之外，實際的目的，就在於阻隔視線的一目瞭然，我們的政府法令和電視新聞，經常都在動腦筋研究，什麼可以給人民看，什麼不可以給人民看，但這個過程中，真的常常弄到很沒有藝術美感。

學者麥克魯漢（Marshall McLuhan）的經典著作《媒體即訊息》（*The Medium is the Massage*），最著名的就是他認為排錯字的書名，更能傳達他的想法，媒體就是按摩，媒體的形式經常決定了我們接收到的訊息內容與意義，馬賽克不是處理新聞衝擊的最好方法，但卻是最簡單的方法，The Mosaic is the Massage，無法解決筋骨損傷，但也許可以

按摩一下，讓政府主管機關和觀眾稍微紓緩一下，那個似乎很容易受驚嚇，或著很容易被露出的商標影響消費意願的心靈。

Chapter 7

兒少健康傳播案例分析

楊可凡

- 防疫宣導
- 疾病預防
- 菸害防制
- 規律運動
- 心理衛生

筆者自2003年起進入民視電視公司，承接中央部會各單位的行銷宣導，在兒少健康傳播的領域深耕近二十年。透過廣告拍攝、節目製播、議題行銷、異業結盟、明星代言以及現在流行的網紅KOL傳播以及podcast等多元行銷工具，透過電視台本身以及跨媒體的資源，帶動兒少傳播走向更豐富有趣的境地。

在筆者曾經執行的兒少健康傳播案例，主要分成五個領域，包括：

1.防疫宣導：如疾病管制署防疫十二招宣導。
2.疾病預防：如國民健康署口腔保健宣導。
3.菸害防制：如國民健康署青少年菸害防制宣導。
4.規律運動：如體育署SH150宣導。
5.心理健康：如心情傳聲筒臺灣加油宣導。

接下來的篇幅將就各領域宣導做詳細的說明。

一、防疫宣導

筆者曾為防疫十二招進行兒少健康宣導，這是為防止傳染病的綜合口訣，由疾病管制署訂出，內容如下：

1.第一招—肥皂勤洗手：預防腸病毒、痢疾等口糞類傳染病最好的方法，並正確完成「濕、搓、沖、捧、擦」五步驟。
2.第二招—咳嗽帶口罩：可以避免傳染結核病、流感等呼吸道疾病給其他人，亦可保護自己免於受傳染病侵襲。
3.第三招—按時打疫苗：按時打疫苗預防流感，記得每年十月施打流感疫苗。
4.第四招—生病在家休息：生病時在家休息，不上班不上課，並且

避免出入公共場所。

5. 第五招—清除病媒孳生源：預防登革熱最好每週「清除戶外及室內蚊蟲孳生源」。

6. 第六招—做好防蚊措施：正確使用防蚊液、穿長袖衣褲、避免蚊蟲叮咬，是預防蟲媒傳染病最好的方法。

7. 第七招—吃熟食、喝開水：預防Ａ肝、痢疾等腸胃道傳染病最好的方法。

8. 第八招—咳二週、快驗痰：長期咳嗽是結核病主要症狀之一，咳二週就應該驗痰，可早診斷、早治療，且能避免傳染給其他人。

9. 第九招—不共用針具、餐具及牙刷：養成「每人一套」的良好個人衛生習慣，是預防腸胃道傳染病、血液傳染病最好的方法。

10. 第十招—安全性行為：全程正確使用保險套，可免於傳染病的侵擾。

11. 第十一招—生病速就醫：如果有發燒、咳嗽、嘔吐、腹瀉、骨頭肌肉疼痛、發疹等症狀，有可能是傳染病的徵狀，請儘速就醫。

12. 第十二招—1922問防疫：如果有任何傳染病的疑問，歡迎撥打疾病管制署免費疫情諮詢及通報專線：1922。

為了讓十二招的口訣，便於讓兒童及青少年記憶知曉，我們針對二個族群製作不同的版本；針對兒童版本，與momo台哥哥姊姊合作，以MV的方式，透過生動活潑的表演，以及動畫呈現，讓宣導內容容易被瞭解。

以上擷取部分畫面，歌詞的部分如下：

【防疫十二招】

第一招：勤洗手，細菌Bye Bye不見了

第二招：咳嗽要戴口罩，衛生習慣要做好

圖7-1　防疫十二招兒童版動畫畫面

第三招：生病一定要在家休息不亂跑

第四招：結核服藥服兩周，不會傳染身體好

第五招：食物煮熟了吃，飲水要煮沸才好

第六招：按時打疫苗，不怕病毒來找

第七招：清除積水容器，病媒蚊孳生源不來擾

第八招：穿著長袖衣褲，別讓蚊子叮咬

第九招：避免疾病侵擾，不要接觸禽鳥

第十招：不讓愛滋病傳染，記得戴保險套

第十一招：發現身體不舒服，快去跟醫生報到

第十二招：打1922防疫專線

　　上述影片除了在momo頻道熱力放送外，也透過實體活動走入人群，邀請親子檔一同認識防疫12招，並落實生活中。

　　針對年紀較大的青少年，我們則是運用李小龍打拳方式復刻再現，增加影片趣味感。以功夫大師李小龍化身防疫大使傳授「防疫十二招」，招招都是保健強身、遠離疾病的秘訣！

　　字幕如下：

第一招：勤洗手

第二招：咳嗽戴口罩

第三招：生病在家休息

第四招：服藥兩週，結核不傳染

第五招：吃熟食、煮沸水

第六招：按時打疫苗

第七招：清除孳生源

第八招：淺色長袖衣褲防蚊蟲

第九招：避免接觸禽鳥

第十招：安全性行為

圖7-2　防疫十二招青少年版畫面

第十一招：生病速就醫

第十二招：1922問防疫

這波廣告透過輕鬆逗趣的方式，締造不錯的點閱率，也讓更多的民眾願意轉傳分享，達成口碑行銷。針對防疫宣導，筆者認爲可以用最簡單易懂的方式，透過重複放送，加深民眾記憶，對於兒童青少年也可以透過學校朝會，放送相關內容，或舉行各種填詞編曲或舞蹈活動，增進對此宣導的關注。

二、疾病預防

筆者曾爲國民健康署進行口腔保健議題的兒少健康傳播，我們是以網紅（KOL）行銷達到影響力。所謂網紅行銷是指品牌與有知名度的網路紅人合作，提升品牌知名度和品牌訊息傳播的行銷模式，這種行銷模式是品牌透過網紅的影響力來進行品牌宣傳，而非直接與消費者進行互動。不同網紅有不同的受眾群，包含不同年齡層、區域、領域、社群平台等，另外也會依據粉絲數量和互動表現，區分網紅的規模和影響力。透過網紅的分類，來找尋適合品牌的合作對象。

以下整理出幾種常見網紅類型（資料來源：https://daione.com/blog/%E7%B6%B2%E7%B4%85/）：

(一)網紅類型一：美妝時尚型

美妝時尚型網紅大多爲女性，除了會在YouTube頻道上分享美妝及保養品心得，偶爾也會推薦愛用香氛及展示日常穿搭，知名美妝網紅包含Hello Catie、大沛、黃小米……等，另外也有少數網紅本身是專業彩妝師，

例如小凱老師、Kevin老師。此外,許多美妝網紅除了擁有個人YouTube頻道,還會經營臉書粉絲團、IG等社群平台,以提高創作曝光度。

(二)網紅類型二:美食料理型

美食料理型網紅會在社群平台上分享各種風格的美食料理,透過介紹簡單易學的食譜,教導大家如何做菜。每個美食料理型的網紅擅長領域各不相同,有經常分享臺灣居家料理的詹姆士姆士流、蘿潔塔的廚房,也有主攻日式料理的MASA's Cooking ABC,法國料理則有定居於法國的Chef Chouchou 阿辰師,除此之外,也有偏娛樂型的美食料理頻道,例如:Fred吃上癮及千千進食中。

(三)網紅類型三:親子育樂型

網路普及率上升的同時,也讓越來越多父母習慣在社群平台上曬孩子,一邊滿足粉絲想看孩子的慾望,一邊分享日常帶小孩的酸甜苦辣,和其他家長們共同討論育兒經。知名的親子育樂型頻道包含那對夫妻、王宏哲育兒寶典、宅女小紅、Mom & Dad等。

(四)網紅類型四:旅遊觀光型

旅遊觀光型網紅主要分享景點特色,並且挖掘許多值得一去的冷門景點,為觀眾帶來實用的旅遊資訊,幫助大家規劃旅程。知名旅遊觀光型頻道有陪沈團、RyuuuTV、Alan Channel、Mira's Garden等,而每個頻道側重的景點區域不同,例如陪沈團主要介紹臺灣景點與小吃;RyuuuTV與Alan Channel大多介紹日本旅遊景點;Mira's Garden則經常分享韓國與香港的旅遊攻略。

(五)網紅類型五：寵物貓狗型

與其他網紅類型不同，寵物頻道的鎂光燈基本上都聚焦在寵物身上，頻道主要藉由拍攝寵物日常生活，提供粉絲觀看寵物時渴望的「療癒感」，不僅可以擄獲眾多貓奴、狗奴的心，題材也不易退流行，觀看人數能穩定成長，為企業帶來可觀流量，知名寵物貓狗型網紅有黃阿瑪的後宮生活、CreamHeroes、SoybeanMilk Cat。

(六)網紅類型六：知識新聞型

知識新聞型網紅擅長將繁雜資訊整理成懶人包，幫助觀眾快速瞭解特定知識點，或是迅速掌握事件的來龍去脈。知識新聞型網紅代表人物有阿滴英文、志祺七七、啾啾鞋，另外也有專注於分享醫學知識及環保議題的知識新聞型網紅，例如蒼藍鴿擅長以幽默風趣的方式，講解深奧的醫學知識；臺客劇場則是帶領大家認識臺灣環保現況，喚起民眾的環保意識。

(七)網紅類型七：生活娛樂型

生活娛樂型網紅拍攝的題材相當多元，以無俚頭的思考邏輯和爆笑反應吸引觀眾眼球，像蔡阿嘎、這群人……等。

(八)網紅類型八：遊戲競技型

遊戲競技型網紅通常會開直播與觀眾互動，透過試玩熱門遊戲、展示遊戲操作細節，以及展現個人魅力，吸引眾多熱愛遊戲的粉絲。而除

了直播，這類型的網紅也經常把直播影片剪成精華放在社群媒體上，以獲得更多曝光量，知名遊戲網紅有亞洲統神、鼻地大師國動、貝莉莓、丁特以及史丹利。

(九)網紅類型九：插畫家

插畫家網紅透過動畫形式展示故事細節，不同於其他網紅類型所著重的表演能力，插畫家網紅看重的是繪畫功力，好的插畫家能以生動的繪畫細節讓觀眾印象深刻，題材也不會限制於人體極限，創作彈性相當大，因此也成為許多廠商喜歡合作的對象之一，知名的插畫家網紅包含Duncan、微疼、鹿人與泥鰍小劇場、阿啾小劇場等。

在口腔保健議題上，我們選擇的是生活娛樂類的蔡阿嘎與阿喜搭配，阿喜飾演貪吃又不愛刷牙的主人，蔡阿嘎則飾演生病的牙齒，透過誇張的演出，寓教於樂地將口腔保健知識融入其中，帶來吸睛的效果。

也因為網紅的知名度，引起多家媒體爭相報導，包括：《壹週刊》、中時電子報、ETtoday……等。擷取ETtoday報導內容如下：

圖7-3　口腔保健廣告的畫面

（續）圖7-3　口腔保健廣告的畫面

「白色精子」蔡阿嘎虛弱沒力　都怪女神阿喜不衛生貪吃

記者黃子瑋／臺北報導

暌違1年半，阿喜與網路紅人蔡阿嘎最近合作拍攝口腔廣告，由蔡阿嘎擔任導演，還在短片中扮演阿喜的牙齒，用誇張的白布包裹自己，還被嘲笑「是一個白色的精子」，阿喜則是扮演不重衛生愛吃鬼，沒有正確的清潔觀念和習慣，導致飾演她的牙齒的蔡阿嘎虛弱衰敗。

阿喜與蔡阿嘎賣力搞笑，把主題嚴肅的口腔保健短片拍得深入淺出，在逗趣的表演中引導口腔保健的重要與正確方式，在拍攝現場逗得大家笑翻。雖然拍攝時歡樂，但其實拍攝當天阿喜得了腸胃型感冒，一收工立刻到醫院打點滴。

數度和蔡阿嘎合作，建立了好交情，阿喜最常被問到的問題就是對於像這樣有才華又搞笑的男生，是否有發展的可能性？阿喜說，其實她認識的蔡阿嘎私底下很嚴肅又認真，平常看的書和關注的議題都很嚴肅，和網路上的搞笑形象完全不同，她很開心可以交到這樣的好朋友，也希望可以和他多學習。

和網紅合作須注意幾個重點：

1.給予網紅最高的彈性。

2.找到與網紅本身有扣連性的主題。

3.注意各項版權與使用規範。

在把握上述原則之下，才能締造好的作品，有助於議題的傳播。

三、菸害防制

　　筆者曾與政大陳文玲教授以及羅景任導演合作，拍攝懸疑式戒菸短片「全球最大航空公司」，以高度直接的批判性手法控訴全球菸商的行徑，屬於全新又有創意的反菸手法。在廣告影片拍攝前，陳文玲教授先試圖找出吸菸者insight，像是吸菸時騰雲駕霧、像是蜜糖般的感覺，以乘坐飛機的象徵手法演繹出來。

　　鏡頭一開始是男生與女生二個人看著天上的飛機，嚮往逃離，空服員親切的笑容，彷彿客氣地指引你上飛機，這時字卡打上「我們擁有全球最密集的航班與班次」，此時畫面轉到男女分別從暗巷走出來的畫面，再切換到空服員親切地幫旅客蓋上毛毯的畫面，再切到字卡「年淨

圖7-4　戒菸廣告的畫面

利3,000億美金的全球最大航運，提供最便捷的購票手續」，而男女二個人在便利商店，這彷彿是象徵方便買菸的感覺，再來切到字卡「我們是全球香菸製造及經銷網」，再次強調這樣的感覺。

最後的畫面是男生點煙的畫面與切換到他在飛機的機艙看到親切的女空服員幫客人蓋上白布條的畫面，畫面pan過去，另二位女空服員還在對鏡頭微笑，畫面轉到一旁的機控室，淡入裏頭，充滿煙霧的環境，沒有人操控的方向旁，向外Zoom in卻是切到字幕「祝您旅途愉快」，再切到Logo衛生署國民健康局的反菸標誌（影片解析資料來源：http://epaper.pccu.edu.tw/FriendlyPrint.asp?NewsNo=3188）。

這支廣告大膽且前衛的表現，在兩周內引起了廣告的討論，整個計畫是國民健康署→反菸→透過電子傳播媒體→給富可敵國的菸商及吸煙者→讓菸商感受壓力，引發討論。只是播出後沒想到菸商沒有動作，反倒是航空業氣得跳腳。航空公會很不高興地表示，影片明顯詆毀航空業者，重創SARS之後他們好不容易建立起來的旅客信心；而在農曆7月演出有人死於飛機，還蓋上白布，等於觸他們霉頭，機上抽煙和無人駕駛更是與事實不符。因此，他們強烈要求國民健康署停止播放廣告，後來也真的緊急下架（資料來源：《動腦雜誌》，329期，2003年09月）。

這樣的結果其實是有些可惜的，未來在這樣恐懼訴求廣告上檔前，應制定好相關的因應策略，借力使力，方能造成議題行銷的效果。

四、規律運動

筆者曾與體育署合作，透過與知名藝人的合作，宣傳SH150規律運動。所謂的SH150-S代表Sport、H代表Health、150代表150分鐘，希望學生每週在校運動150分鐘以養成每天規律運動的習慣，強化體適能，培養活力青少年。本案操作多年，第一年是以諧音趣味，邀請SHE擔任代

圖7-5 SH150規律運動的宣傳活動畫面

言，透過廣告拍攝及出席活動，增加議題曝光度。

第二年則邀請校園偶像劇「我的老師叫小賀」明星，做校園巡迴接力推廣，透過實體活動及社群行銷，拉近與學生的距離。

第三年邀請偶像明星製播「史伯特出任務」實境節目，結合校園巡迴及節目播出，增加效益。

透過偶像明星、校園活動、實境節目多元形式，將兒少健康傳播透過直效行銷的方式，增進互動性，也能製造話題，與熊生族群做精準行銷。

兒少權益與傳播倫理

圖7-6　SH150規律運動校園巡迴接力推廣活動畫面

圖7-7 「史伯特出任務」校園巡迴及節目活動畫面

（續）圖7-7　「史伯特出任務」校園巡迴及節目活動畫面

五、心理衛生

　　這二年疫情的關係，許多青年學子對於未來、就業感到迷惘，筆者在大學任教時，透過podcast課程，讓青年學子透過撰寫及錄製節目，先療癒自己，再為身邊的人打氣。此活動引起許多學生的共鳴，也發揮傳播媒體的心理衛生效果。

圖7-8 podcast課程的介紹畫面

也由於本活動與疫情新聞結合，成功吸引媒體報導，帶動議題行銷的效果。

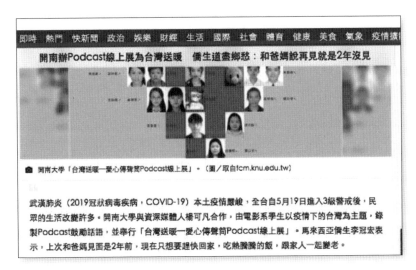

圖7-9 podcast課程的媒體報導畫面

Yahoo奇摩新聞

開南辦Podcast線上展為台灣送暖 僑生一句話惹鼻酸

楊可凡受訪時表示，本土疫情5月中旬爆發後，學生們擔心課業、打工受到影響，她覺得可以帶給學生們一些正面力量，於是便著手與系上不同課程的 ...

15 小時前

聯合報

疫情之下！長庚科大出「超狂教學模式」 開南辦線上展

另外，開南大學也與媒體人楊可凡合作，由電影系學生以疫情下的台灣為主題，錄製台灣加油的鼓勵話語，並舉行「台灣送暖—愛心傳聲筒Podcast ...

1 天前

（續）圖7-9　podcast課程的媒體報導畫面

　　總結上述行銷案例，兒少健康傳播方式建議可以分成下列幾種方式呈現：

1.影片製作（MV、CF、微電影）。

2.知名人士推廣（偶像明星、網紅、KOL）。

3.活動規劃（校園巡迴、實體活動、線上活動）。

4.議題行銷（IP行銷、製造話題）。

Chapter 8

兒少處理原則

張立

隨著新媒體的發展，與時事相結合，以創造最佳的傳播效果。

新聞媒體傳播訊息以及教育的功能，特別是在網路發達的現今社會，內容一經見刊，幾乎可達到每一個人，因此媒體在處理新聞時必須謹慎，特別要留意的是，不適當的新聞內容可能對兒童及青少年造成傷害，因此近年來對於兒少相關法規均已化為內部作業規範，除已納入新進人員的必備課程，在平時作業中，亦有資深同仁或公司內部法務把關，以下茲舉數例在編輯台上討論與因應的處理方式，並簡列相關作業規則以供參考。

案例一：代理孕母新聞報導內容

張姓男子花錢與魏姓「代理孕母」發生性關係並生下一女，他主張魏女擅自出養孩子給梁姓夫妻，提告請求撤銷收養、爭取小孩監護權。一審判決收養無效，臺灣高等法院後來改判張姓男子敗訴，女童不用與相處五年的養父母分離。

本案逆轉的關鍵在於，一審認為出養小孩沒獲得生父同意，收養無效；但二審法官認為，子女出養時應得其父母同意的規定，是指「法律上」的父母，而不是「血緣上」的父母，張姓男子沒認領女童，不是女童法律上的父親，孩子出養合法。

張姓男子（四十五歲）想要小孩，但太太不孕；二○○八年底，他上網得知當時廿一歲的魏姓女子願意當「代理孕母」，寫信聯絡對方，連兩天在汽車旅館發生性關係；三周後魏女表示懷孕。魏女二○○九年八月廿八日生產，兩個月後出養小孩，張得知後提告請求撤銷收養，表示願意簽協議保證孩子與梁家聯絡。

梁姓夫妻主張他們有意願收養孩子且經濟能力佳，兩人細心呵護女童，孩子和梁家人已建立感情；生父不能斷然將女童強行脫離現有家

庭，這樣對孩子人格發展不利。

魏姓女子說，她過去經濟拮据當「代理孕母」，與一名男子發生性關係，但對方事後反悔；不久她與張姓男子約定生小孩，但張懷疑她與其他男人發生性行為的時間接近，質疑孩子血緣。張不承認孩子是他的、罵小孩是雜種，知道待產期卻從沒聯絡，她只好請社工幫忙，無償出養孩子；她的電話和住址都沒變，張若有心知道孩子的下落不難。

「一定要用判的嗎？能不能試著談談看？」二審法官在辯論終結前，仍試圖勸說調解，希望這場天倫戰爭別淪為「一家歡樂、一家愁」殘酷局面，但雙方都堅持要孩子，難有共識。

養父母的訴訟代理人許民憲律師表示，孩子不是物品，親子相處是有感情的，不能光憑法律上收養效力，也不能只憑血緣，應考量未成年子女的最佳利益，感謝法官理解養父母處境。

高院二審言詞辯論終結前，法官要生父先迴避，當庭詢問養父「最後有什麼意見想說？」養父當庭落淚，提到對孩子視如己出，不忍與孩子分離，會給孩子全部的愛。

(一)新北市政府來函

新北市政府於民國104年1月27日來函表示「孕母出養孩子生父爭監護權敗訴」影片內容有違反「兒童及少年福利與權益保障法」第69條第1項規定，並要求提出陳述意見。

(二)編輯台上的因應

在採訪及拍攝過程中，記者以童話書本、父母身體遮擋或是從背面等方向取鏡，縱有瞬間稍微照到女童側臉，亦因時間甚為短暫而不足以識別其身分；此外，網路編輯在收到影片時也做了適當的處理，並不足

以透露女童身分。而本件報導亦應屬符合「兒權法」第69條第4項係為增進兒童及少年福利或維護公共利益之報導，不應裁罰。雖然於法並沒有裁罰，但編輯台仍對此案有仔細討論，希望在日後處理相關訊息時應更謹慎些。

案例二：110年7月8日江宏傑與福原愛5年婚姻報導

(一)原報導

　　曾被視為模範夫妻檔的「桌球CP」江宏傑與福原愛5年婚姻於今天正式告終，回顧2人過往的高調放閃，令人不勝唏噓。

　　今年2月18日福原愛為東京奧運轉播與自立門戶「OMUSUBI」公司返日作準備，之後上老牌綜藝節目「徹子的房間」受訪時，表態「今後活動據點可能會轉移到日本，小孩子也要讀幼稚園了」，且左手無名指婚戒消失，因而傳出婚變，但同月25日江宏傑出席「全明星運動會」第二季開播記者會否認婚變傳言。

　　3月3日日媒「女性seven」拍到福原愛與一名高大男子在橫濱約會的照片，疑似婚內不倫，福原愛發聲明澄清，僅是友人，否認同房過夜，言語間透露想離婚；之後二度發聲明道歉，江宏傑則溫情喊話「我對小愛的愛，從認識第一天到現在都不曾改變」。

　　之後宣稱是福原愛的閨蜜多次透過日媒爆料，對江宏傑一家進行抹黑，更稱江家是「怪物家族」等，包括江宏傑對福原愛言語暴力、與大姑江恆亘關係不睦、被婆婆當金雞母等，一度導致江家被千夫所指，江宏傑透過所屬華研國際澄清並表示：「但不要攻擊家人，現階段小孩與愛媽也都是江家在照顧。」被網友酸有「人質」愛媽福原千代在手。

　　沒想到3月31日日媒再曝與福原愛出遊的高大男實則已婚，導致福原愛陷入雙不倫醜聞，而她又將愛媽獨自扔在臺灣由江家人照顧，導致形象持續重創；4月20日江宏傑一家被直擊現身松山機場，送坐著輪椅的愛媽獨自搭機返日，而愛媽返日後由哥哥接機，回到仙台的家中居住，並沒有和人在東京的小愛會合。

　　4月23日江宏傑向高雄法院訴請離婚，婚變至今141天，如童話般的5年婚正式告吹，離婚調解結果出爐，正式宣布離婚，聯合聲明也寫道「謝謝大家一直以來的關心，也請求外界給予二位年幼的孩子私人的空間。抱歉個人私事造成紛擾，後續如有惡意捏造、散播不實謠言者，我們亦將追究其法律責任」。

(二)出稿過程中考量

　　文章中指露出江宏傑與福原愛小孩照片及相關監護權聲明，似違反「兒童及少年福利與權益保障法」第69條第1項，原內容最後一段確有涉及親權行使及監護選定，且照片內容可能足以清楚揭露兒童五官，討論認為，報導的內容及照片是由江宏傑本人自行公開，報導記者並無刻意窺探他人隱私的意圖，而案件本身亦為跨國婚姻下的兒童福祉，但如果以原內容及照片刊出，仍有相當機率會違法而被裁罰，經考量後修改相關內容，並拿下可能會辨識出兒童的照片。

　　並以此案例通報相關同仁，(1)拍攝照片或影片時，避開臉部，或(2)兒童臉部以眼睛或全臉馬賽克處理。

案例三：107年9月26日影視大亨王世雄新聞報導

107年9月26日「影視大亨王世雄驟逝 十三歲百億遺孤女竟無家可歸」報導，是否會違反「兒童及少年福利與權益保障法」第69條第1項規定。

(一)報導內容

影視大亨王世雄驟逝，十三歲百億遺孤女竟無家可歸。

股市怪豪暨影視大亨王世雄，兩年前（2016）因裝心臟支架手術意外昏迷死亡，享年五十四歲。王因未交代後事，身前與妻子離異後便獨自撫養的獨生女，在王離世後引爆一場監護權大戰，王的前妻與母親兩人爲力爭王的獨生女監護權而告上法院，法院最終將十三歲小女孩判給臺北市社會局，目前被安置於中途之家。

王世雄生前因炒股致富，擁有百億身價的他並跨足影視產業，除投資藝人吳宗憲與澎恰恰之外，還是出資《鐵獅玉玲瓏2》等國片的「好好看影藝公司」董事長。正當事業準備衝刺時，因身體不適入院檢查後，醫生告知需做心臟支架裝設手術，王當時認爲只是「小手術」，並未通知任何親友，結果在住院九十二天後不幸因感染而猝逝。

根據《鏡週刊》報導，王的前妻在王昏迷之際早先以女兒是法定代理人名義，向法院宣告王是無行爲能力人，藉此留住王的鉅額資產，王的母親原以爲兒子只是日子過得還可以，這才發現原來兒子是富商，遂與前媳婦展開王小妹的監護權大戰。

法官在裁決過程中，發現王小妹多次表示媽媽會在家碎念並扔物品，且阻止她與其他親友來往，在生活中造成她不小的壓力，且王的母

親表示前媳婦有暴力傾向，在生下女兒後未盡照顧之責，向法院聲請停止其親權的行使。臺北地方法院判定當時還是國小六年級的王小妹，因奶奶和母親皆不適合成為最佳照顧者，最終將她的監護權判給臺北市社會局，在裁決後，王小妹被社工安置在中途之家，目前已是國中一年級的她，因父親驟然離世而落得無家可歸的困境。

(二)編輯台考量

就本事件實質內容來看，股市知名人士王世雄多次帶著裝有近億元現金的麻布袋進出證券商當場交易，其生前投資經營公司亦有聲有色，曾經投資拍過《鐵獅玉玲瓏2》、《南風》等人氣電影，就連知名藝人吳宗憲的女兒吳姍儒出道時，經紀約也簽給了王世雄名下公司。也因此，王世雄在社會上具有名氣，且和吳宗憲交情匪淺，娛樂圈裏的人脈亦頗為廣闊，應可算是公眾知名人物。

此外，王世雄之女兒年僅十三歲，正值青春年華，需要家人的溫暖陪伴讓其順利成長，卻因為父親之驟逝而無家可歸，需被臺北市社會局安置在中途之家，這種巨變對於未成年少女之心境自是十分難以承受，亦對她的未來人生產生重大影響，頗值得社會大眾關心並給予適當之協助。因此，此篇報導之內容不僅只有知名人物王世雄之後事相關，亦有對於其未成年女兒之監護權酌定結果之關懷，實具有公益性。

本篇報導主要對象王世雄為知名影視大亨，屬於知名公眾人物，王世雄女兒之監護權選定事件結果具有公益性質，而細看全篇內容，並未以王世雄女兒為主要報導對象，也未透露姓名等個人資訊，應不致違法。報導內容亦無提及王世雄女兒之姓名或其他可資識別其身分之資訊，反而小心翼翼按照「兒少法」之規定，避免對報導中之個案造成傷害，善盡維護報導事件當事人隱私責任，僅以「王小妹」稱呼王世雄之女兒，並中性地陳述此一司法判決之過程及結果，報導之配圖中亦未有

任何王世雄女兒臉龐或身影之出現，由於王世雄之女兒並非公眾或知名人物，依通常一般情形，社會大眾閱讀本篇報導時，根本無法因為報導內容僅提及「王小妹」而識別兒童身分，本篇內容應無違法之虞，但基於保護兒童，最後仍將此稿下架，改以其他角度報導。

案例四：喬爸喬媽新聞報導

(一)報導內容

　　十二歲的童星喬喬（于卉喬）日前歷經喪母，父母的婚姻紛爭浮上檯面，孩子也被迫面對外界，經紀公司發出喬喬手寫聲明之外，也替喬爸發聲明，對於喬媽親友嗆他「人渣、作秀」，以及嗆「兄弟找好了」提出反擊，表示「讓喬喬相當害怕，這部分已向警方備案」。聲明中也解釋喬喬與喬媽近幾年的相處狀況，表示喬媽親友與喬喬、喬爸沒有實際接觸過，「更不知道喬媽和喬喬已經藉由諮商師逐漸修復關係，喬喬也多次收到喬媽送的禮物，明明是無關的第三人卻不斷對媒體爆料抹黑。喬喬已經懂得閱讀，看到一堆罵爸爸的新聞很難過。不管是喬媽或喬爸，都希望能讓喬喬開心健康地長大，希望喬媽的親友不要再用媒體爆料的方式，你們傷到的是孩子。」聲明指出喬媽無法配合時間在寒暑假陪伴喬喬上才藝課、旅遊等，「後來因為喬媽的情緒管控問題，法院及兒童心理師也判斷不適合立即讓喬喬和喬媽雙方單獨見面。」

(二)編輯台討論

　　「喬爸反擊聲明！指喬媽有『情緒控管問題』無法陪伴喬喬」之報

導，內文揭示兒童姓名並提到「父母婚姻狀況」、「監護權訴訟」等資訊，內容是否有涉嫌違反「兒童及少年福利與權益保障法」第69條第1項第3款之嫌，編輯台經過一番討論。

按「兒童及少年福利與權益保障法」第69條第1項第3款規定：「宣傳品、出版品、廣播、電視、網際網路或其他媒體對下列兒童及少年不得報導或記載其姓名或其他足以識別身分之資訊：為否認子女之訴、收養事件、親權行使、負擔事件或監護權之選定、酌定、改定事件之當事人或關係人。」同法第103條第2項規定「宣傳品、出版品、網際網路或其他媒體違反第69條第1項規定，由目的事業主管機關處負責人新臺幣三萬元以上十五萬元以下罰鍰，並得沒入第69條第1項規定之物品、命其限期移除內容、下架或其他必要之處置；屆期不履行者，得按次處罰至履行為止。」

報導內文全無提及「監護權訴訟」之資訊，且「父母婚姻狀況」亦非「兒少法」第69條第1項第3款所定之情形，依據處罰法定原則不得援引第69條第1項第3款之情形作為裁罰之依據；又本件該兒童為公眾人物報導內容已為公眾周知，並未因此報導而有侵害兒童隱私權之情形，但仍以本案為案例，日後在報導相關內容時，原則上不提及未成年者姓名為宜。

附錄：報導需注意原則

對於「血跡」照片等之處理，應注意下列事項：

1. 報紙或網站內容係普及性之讀者，文字內容及圖片之刊載，仍應有所節制，注意社會觀感與價值。尤其關於「血跡」照片等之處理，應有妥善之馬賽克處理。
2. 就網路內容，仍應慎重檢視。

對自殺新聞處理原則給記者的建議：

1.不要聳動化報導。

2.不要描述自殺方法與地點。

3.不要簡化或臆測自殺原因。

4.避免使用自殺成功或自殺流行等用詞。

5.報導要加上自殺警訊與求助資源。

6.要有專家意見，求取可靠資訊。

給編輯的建議：

1.不將自殺新聞刊於頭版。

2.不刊逝者個人、遺書及現場照片。

3.熟記自殺報導規範。

4.報導中要強調防治方式。

對屍體圖片之處理原則：

1.屍體照片不宜刊載在頭版。

2.尺寸的大小應做適度規範。

3.畫面呈現，應有適度的處理（例如馬賽克模糊化），避免使讀者產生恐懼感。

4.該照片若不涉及社會意義、公益時，則不宜刊登。

過度描述（繪）色情細節審查依據及報導原則：於新聞報導版面之呈現應注意下列方向：(1)任何新聞事件應以教育民眾及維護公共利益為前提。(2)涉及兒童及少年福利與權益方面的新聞圖片之呈現，應更為慎重且具教育意義，應注意對兒童及少年福利與權益之兼顧，謹慎為之，尤其馬賽克之處理，更應具體確實。(3)應落實媒體自律精神，確實遵守自律綱要並具體改善。

1.標題用語應妥適、避免題圖不合。

2.勿為過度感官刺激之色情細節之描述。

3.社會新聞之報導，應具正面教育之意義。

過度描述（繪）血腥細節審查依據及報導原則於新聞報導呈現應注意下列方向：

1.標題用語應妥適、避免過度血腥。

2.即若欲凸顯行為之殘忍，亦應考量「兒童及少年福利與權益保障法」第45條第1項之規範目的與要件，審酌其用語與描述方式，切勿有過度描述（繪）血腥細節之文字。

3.報導內容，應多考量具正面教育之意義。

Chapter 9

媽媽，我上新聞了！

—— 媒體的難題，新聞報導可以刊登兒少的照片嗎？

楊海蘭

- 難題一：那些媒體不能刊登的兒少
  照片
- 難題二：那些媒體能夠刊登的兒少
  照片
- 難題三：那些媒體能刊登卻不刊登
  的兒少照片

2016年發生的「小燈泡事件」，大家或許記憶猶新。嫌犯王景玉在臺北內湖持刀行兇，三歲的小燈泡當場身首異處，由於犯行兇殘，引爆全民憤怒，該事件也成為全臺焦點。

回顧當時的媒體報導，除了案發現場，也不乏刊登取自家屬臉書的受害者照片，而小燈泡母親更多次在媒體曝光，以冷靜理性的發言，希望喚醒各界重視社會安全網的漏洞。

但這樣一宗社會矚目的事件，媒體對報導的分寸是否拿捏得當呢？

難題一：那些媒體不能刊登的兒少照片

根據「兒童及少年福利與權益保障法」第69條，在兒少遭受某些情況時，媒體不得報導或記載其姓名或其他足以識別身分之資訊，法令列舉的情況就包括上述的「刑事案件被害人」。換句話說，媒體在報導這起隨機殺人事件時，依法不能公開受害者的姓名，或是其他能讓大眾辨識出受害者身分的相關資訊。

「兒童及少年福利與權益保障法」第69條	
1	宣傳品、出版品、廣播、電視、網際網路或其他媒體對下列兒童及少年不得報導或記載其姓名或其他足以識別身分之資訊： 一、遭受第49條或第56條第1項各款行為。 二、施用毒品、非法施用管制藥品或其他有害身心健康之物質。 三、為否認子女之訴、收養事件、親權行使、負擔事件或監護權之選定、酌定、改定事件之當事人或關係人。 四、為刑事案件、少年保護事件之當事人或被害人。
2	行政機關及司法機關所製作必須公開之文書，除前項第3款或其他法律特別規定之情形外，亦不得揭露足以識別前項兒童及少年身分之資訊。

3	除前二項以外之任何人亦不得於媒體、資訊或以其他公示方式揭示有關第1項兒童及少年之姓名及其他足以識別身分之資訊。
4	第1、2項如係為增進兒童及少年福利或維護公共利益，且經行政機關邀集相關機關、兒童及少年福利團體與報業商業同業公會代表共同審議後，認為有公開之必要，不在此限。

「兒童及少年福利與權益保障法」第49條

1	任何人對於兒童及少年不得有下列行為： 一、遺棄。 二、身心虐待。 三、利用兒童及少年從事有害健康等危害性活動或欺騙之行為。 四、利用身心障礙或特殊形體兒童及少年供人參觀。 五、利用兒童及少年行乞。 六、剝奪或妨礙兒童及少年接受國民教育之機會。 七、強迫兒童及少年婚嫁。 八、拐騙、綁架、買賣、質押兒童及少年。 九、強迫、引誘、容留或媒介兒童及少年為猥褻行為或性交。 十、供應兒童及少年刀械、槍砲、彈藥或其他危險物品。 十一、利用兒童及少年拍攝或錄製暴力、血腥、色情、猥褻、性交或其他有害兒童及少年身心健康之出版品、圖畫、錄影節目帶、影片、光碟、磁片、電子訊號、遊戲軟體、網際網路內容或其他物品。 十二、迫使或誘使兒童及少年處於對其生命、身體易發生立即危險或傷害之環境。 十三、帶領或誘使兒童及少年進入有礙其身心健康之場所。 十四、強迫、引誘、容留或媒介兒童及少年為自殺行為。 十五、其他對兒童及少年或利用兒童及少年犯罪或為不正當之行為。
2	前項行為經直轄市、縣（市）主管機關依第97條規定裁罰者，中央主管機關應建立裁罰資料，供政府機關（構）及其他經中央主管機關同意之機構、法人或團體查詢。

	「兒童及少年福利與權益保障法」第56條
1	兒童及少年有下列各款情形之一者，直轄市、縣（市）主管機關應予保護、安置或為其他處置；必要時得進行緊急安置： 一、兒童及少年未受適當之養育或照顧。 二、兒童及少年有立即接受醫療之必要，而未就醫。 三、兒童及少年遭受遺棄、身心虐待、買賣、質押，被強迫或引誘從事不正當之行為或工作。 四、兒童及少年遭受其他迫害，非立即安置難以有效保護。

那麼什麼是「足以識別身分」的資訊呢？「兒少法施行細則」規定，這些資訊「包括兒童及少年照片或影像、聲音、住所、親屬姓名或其關係、就讀學校或其班級等個人基本資料」。因此，除了不能刊登受害者的照片，也不能刊登受害者父母的姓名與照片，因為即使受害者的照片未曝光，但若讓其父母親屬的姓名、照片公諸於眾，也會導致受害者的身分被認出。

對於不公開受害者資訊這件事，在多數案件中，大部分的媒體確實都謹守規範，但一旦發生重大案件時，尤其是當社會案件已上升到更高的社會安全網等層次時，卻常發生報導爭議。不論是為了閱聽人「知的權利」，或是為了爭取同業競爭中的優勢，案件細節常在有意無意中被揭露，更何況部分相關當事人也希望有發聲的機會，因此要如何拿捏資訊露出的尺度，對媒體而言的確是個難題。

回頭檢視上述案件的報導，受害者「小燈泡」的姓名並未公開，但照片卻已曝光，即使部分媒體在刊載的照片加上馬賽克，但因網路時代資訊流通的方便與迅速，有心人仍可透過蛛絲馬跡搜尋受害者的影像。事實上，即使媒體完全不刊登受害者照片，也很難控制自媒體、社群媒體，以及各種通訊軟體上不出現相關資訊；再加上小燈泡家屬頻繁出現在媒體上，因此，受害者身分的確已經呼之欲出。

但難道重大案件的相關資訊真的都不能報導嗎？

難題二：那些媒體能夠刊登的兒少照片

2019年4月，臺北市發生男嬰在托嬰中心遭悶死事件，相關單位追查後更發現有集體虐嬰行為，此事件不僅令受害家長心痛，也讓同樣家有幼兒的家長擔心受怕。

當發生虐嬰事件時，目前實務上大部分媒體均有共識不刊登受害者的姓名與個人照片，若有家長願意出來發聲，也多會採取馬賽克、變聲等方式處理，以避免受害者曝光。不過，媒體報導常會公開監視器影像，此類影像的解析度低，有的甚至只有黑白畫面，要從中清楚辨識誰是誰，可能並非易事，但依法而言，媒體能否公布這些影像仍有疑慮，只是，若完全隱蔽相關資訊，是否就是對兒少最好的做法呢？

事實上，「兒童及少年福利與權益保障法」第69條已有規定在何種情況下，媒體可以揭露兒少的相關資訊：「如係為增進兒童及少年福利或維護公共利益，且經行政機關邀集相關機關、兒童及少年福利團體與報業商業同業公會代表共同審議後，認為有公開之必要，不在此限。」

「兒童及少年福利與權益保障法」第69條	
1	第1、2項如係為增進兒童及少年福利或維護公共利益，且經行政機關邀集相關機關、兒童及少年福利團體與報業商業同業公會代表共同審議後，認為有公開之必要，不在此限。

換句話說，若為了維護更大的兒少福利或公共利益，在相關單位審議決定後，媒體即可報導。否則，即使是政府公開的資訊，媒體也不能引用報導。

以虐嬰案件為例，如果公開虐嬰資訊，能夠讓家長避開不良托嬰中

心，似乎對維護兒少福利是正向的做法，不過，依法必須經由相關單位審議決定後，媒體才能報導，但相關單位是哪些單位、審議時間需要多久，並沒有明文規定，對講究時效的新聞報導而言，仍是緩不濟急，因此實務上，仍必須仰賴媒體自律。

難題三：那些媒體能刊登卻不刊登的兒少照片

一年一度的兒童節，動物園、遊樂園均推出相關慶祝活動，現場處處可見穿著五彩繽紛、和家長開心玩樂的幼童。

像這樣的新聞報導，媒體是否可以刊登兒少的照片呢？

對於兒少照片或影像因正面的事件而在媒體上露出，以往家長多能輕鬆看待，但現在由於隱私概念的普及，因此也出現了不同的看法，常見的爭議就是媒體刊登照片是否有侵害肖像權的問題。

什麼是肖像權？法務部曾作成函釋認為，肖像權係個人對其肖像是否公開之自主權利，因此未經他人同意，擅自使用他人照片之行為，自構成對肖像權之侵害行為。但何謂「情節重大」，法律並無明文規定，實務上亦未有定論，是以，具體個案是否構成「『不法』侵害肖像權而屬『情節重大』」情形，宜由法院視具體個案事實審認。

法務部法律決字第0980041406號行政函釋	
要旨	關於肖像為個人形象及個性之表現，屬重要人格法益之一種，是所謂「不法侵害其他人格法益」應包括肖像權在內，而肖像權係個人對其肖像是否公開之自主權利，從而未經他人同意，擅自使用他人照片之行為，自構成對肖像權之侵害行為，因此各機關辦理活動時所拍攝之照片，是否涉及民法所謂之人格權（肖像權）等相關之疑義，宜由法院視具體個案事實審認之。

　　如果媒體刊登的每一張照片都必須事先取得入鏡者的同意，在實務上恐有為難之處。事實上，肖像權和新聞報導的言論自由均為受「憲法」保障的基本權利，雖然未經同意使用照片可能構成對肖像權的侵害，但是媒體拍攝的他人肖像，只要不違反公共利益，除非有惡意或輕率摒棄真實，原則上都可阻卻違法。若有「不法」侵害，是否屬於「情節重大」程度，則需視個案而定。

　　由此來看，在兒童節熱鬧的遊樂園、滿是人潮的街道等公共場合拍照，既然不是特寫，也沒有貶抑他人名譽等惡意的情形，通常都並不會構成肖像權的侵害。

　　就實務而言，各家媒體對兒少照片的取捨或許並無一致標準，但仍有些共識，除了前述在眾人皆可見的公共場合拍照，且沒有惡意的情況外，對於涉有公共利益的事件，媒體也有報導的自由，例如：若遊樂園發生公共安全事件，媒體即可能為報導而使用現場的照片。

　　當然，如果對象是公眾人物，由於社會大眾對公眾人物有知的利益，因此媒體報導公眾人物，幾乎不會有侵害肖像權的問題，例如：臺灣小將在國際賽事中獲得佳績，媒體刊登他們載譽歸國的照片，通常不會發生肖像權爭議。

　　但是，如果當事人就是不願出現在媒體上，是否有解決之道呢？以往照片刊登在電視、報紙上，一旦播出、出版，即無可挽回，但現今有更多照片在網路流傳，如果當事人不願意自己的照片刊登在網路媒體上，或許可以「被遺忘權」的方向處理。

　　「被遺忘權」係指人們有權利要求移除有關自己的負面或過時資訊，因此，當報導的「公益性」隨著時間逐漸降低，當事人就可以主張「被遺忘權」，要求刪除照片。但被遺忘權並非絕對，其與公益目的、言論自由、新聞自由之間可能產生衝突，而其衡量標準連法院都難有標準答案。而此類事件在國內雖已有前例，但並不常見，因此相關標準仍待未來持續累積。

不過，就實務而言，媒體通常也自有檢視標準，即使在公共場合拍攝的照片、報導內容有關公共利益、報導不涉及惡意，若當事人主張被遺忘權，媒體也可能同意刪除照片，尤其是無關重大社會事件的照片，例如：遊樂園的兒童照片，不僅因為此類照片的可替代性高，可以其他類似照片取代（相較之下，單一案件的當事人照片可能較難以取代），也因為考量到家長的心情，因此，是否移除此類兒少照片，媒體新聞道德層次的考量或許比法律層次更多一些，而這也是媒體自律的一環。

Chapter 10

淺談兒少新聞處理

王己由

　　近來接連發生藝人王力宏、柯以柔、黃嘉千婚變，除了離婚官司，還涉及到未成年子女監護權行使等問題，媒體報導雖然沒有寫出子女姓名，但在雙親是公眾人物情況下，已經是「足以識別兒童及少年姓名身分的資訊」，等同揭露了藝人未成年子女的個資。實務上不少媒體從業人員和一般民眾，也不清楚這類新聞的規範界限，以為沒寫出兒少姓名合乎法律規定即可，等到被主管機關開罰，才知道踩了紅線，箇中最大的關鍵，就在於「足以識別身分的資訊」規定。本文將參酌法令和媒體實務運作予以解析，以供閱聽眾瞭解如何保護兒少個資，達到保障兒少身心的目的。

一、法律規範

　　媒體在處理兒少新聞事件時，都知道不能將當事人姓名、身分資訊曝光，但遇到名人、藝人或偶像新聞時，似乎就亂了章法，基於新聞詳實報導，雖然沒有寫出未成年子女姓名，卻因為雙親是藝人或公眾人物，相關當事人資訊的露出，就可知兒少的身分，如此也等同將兒少的身分、姓名等個資曝光。

　　究竟法律是如何規定？「兒童及少年福利與權益保障法」（以下簡稱「兒少法」）規定，所稱的兒童，是指未滿十二歲；少年，指十二歲以上未滿十八歲之人。因此，凡是未滿十八歲者，都受到「兒少法」的保障。

　　與兒少有關的新聞，媒體在報導時是要遵守「兒少法」的規定。縱觀「兒少法」的規範，若以通俗好壞二分法來說，凡是對兒童或少年不好的事情，不論任何人、公私部門或媒體，都不能揭露兒少身分資訊。

　　什麼算是不好的事情？「兒少法」第49條規定的十五種行為，包括被遺棄，身心虐待，利用兒少行乞、行騙，拍攝暴力、血腥或色情影

像，剝奪接受國民教育，拐賣與質押兒童及少年，強迫兒少賣淫，供應兒少危險物品等。還有「兒少法」第56條第1項的兒童及少年被主管機關保護、安置或緊急安置等情形，都是屬於對兒少不太好的事情。

針對這些不好的事，「兒少法」第69條第1項規定：宣傳品、出版品、廣播、電視、網際網路或其他媒體對下列兒童及少年不得報導或記載其姓名或其他足以識別身分之資訊。這項規定正是兒童及少年身分資訊不能公開的緣由，其中的「足以識別身分之資訊」，正是媒體報導常常會不經意踩到法律紅線挨罰的原因。「兒少法」第69條第1項規範內容包括：

1. 「兒少法」49條和56條第1項各款的行為。
2. 兒童少年施用毒品、管制藥品或其他有害身心健康物質。
3. 兒童少年是特定家事事件的當事人或關係人，包括否認子女之訴、收養事件、親權行使、負擔事件或監護權的選定、酌定、改定事件的當事人或關係人。
4. 兒童少年是刑事案件、少年保護事件的當事人或被害人。

二、足以識別身分的資訊

就新聞實務來說，媒體從業人員，只是知道兒少事件不能揭露身分資訊，但為什麼不能揭露，還有什麼是「足以識別身分之資訊」，常常感到困惑。所謂足以識別身分之資訊，依照「兒童及少年福利與權益保障法施行細則」第21條規定：「本法第69條第1項至第3項所定其他足以識別身分之資訊，包括兒童及少年照片或影像、聲音、住所、親屬姓名或其關係、就讀學校或其班級等個人基本資料。」

因此，就前述「兒少法施行細則」的規定來說，不一定是要寫出完整的姓名，才算不當揭露兒少的身分資訊。凡是揭露的資訊足以讓第

兒少權益與傳播倫理

三人辨識出當事人的身分，就算是足以識別身分的資訊了。例如，雖沒有寫出兒少姓名，但寫出家住那裏，父母或親人姓名，就讀學校班級老師、校長姓名，補習班班主任、老師名字等，其周遭親友、同學或閱聽眾，將這些資訊交叉比對、串聯相關資訊內容後，可以辨識出當事人或相關人士耳身分，這些都算是足以識別身分的資訊。

除了文字，假設沒有寫出父母與親人、就讀學校班級老師、校長姓名等資訊，但拍攝當事人照片、影像，不論側面、背面甚至馬賽克，還有拍攝當事人住處與就讀學校外觀等；同樣可經比對或藉模糊影像能辨識出是誰，也都是不行。播放未經變音處理的父母與親人、就讀學校班級老師或校長的聲音等，因為未經變音處理的聲音，熟識者一聽即知是誰，也會讓兒少的身分資訊曝光，成為可以識別身分的資訊。

一言以蔽之，一件兒少事件寫出來的資訊、拍攝的影像、未經處理過的影音檔案等，縱使沒有寫出姓名等身分資訊，但揭露出來的資訊，可以讓人看到或聽到這些資訊，然後就可以猜得出或想得到是誰的話，那就是足以識別身分的資訊了。例如大家口中說的「臺灣最高學府」，一般人的認知就是指臺灣大學，如果沒寫出臺灣大學字樣，是寫、是說「臺灣最高學府」，大多數人看到、聽到這6個字，也都知道是指臺大。

還有，僅寫出姓，有時也會變成足以揭露身分的資訊。如罕見姓氏，單寫姓，不寫名，因為人數稀少，甚至只是一人姓，同樣可讓人得知是誰。同理，若一個鄉鎮、地區只有一所國中、一所高職，沒有寫出學校名稱，卻寫出某某地區、鄉鎮的某國中、某高職，因是特定目標，同樣可讓人知道是那所國高中，進而辨識出兒少身分。

以空中纜車和溫泉聞名的新北市烏來區為例，當地僅一所國中，若校園發生霸凌事件，報導時沒有寫學校名，寫「烏來區最高學府」，同樣也是屬能識別身分的資訊。還有未寫出校名，而是寫新北市原住民區某國中，因新北市就只有一個烏來區是山地原住民區，烏來又只有一所

146

國中，什麼都沒寫，卻因爲揭露出來的資訊「可得特定」，讓人知曉是誰，就成了足以識別身分的資訊。

　　所以，「兒少法」第69條第1項後段有關「不得報導或記載兒少姓名，或其他足以識別身分之資訊」，前者就是明確禁止報導或記載兒少姓名，爲免法律明文禁止的事項仍有不足，基於與時俱進，適應社會變遷，才會立有「其他」限制足以識別身分之資訊的規定。

三、家事事件易踩雷

　　「兒少法」69條第1項第3款，特別針對「爲否認子女之訴、收養事件、親權行使、負擔事件或監護權之選定、酌定、改定事件之當事人或關係人」等家事事件訴訟，明文禁止報導或記載兒少姓名。這款規定，起因十二年前，藝人賈靜雯和前夫打離婚官司，積極爭取女兒梧桐妹的監護權，希望女兒能回到她身邊，當時轟動社會。

　　因官司涉及未成年子女，兒福團體有鑑媒體大幅報導，恐影響未成年人身心，又爲了保障兒少隱私，特別修訂「兒少法」，在第69條第1項中增列涉及否認子女之訴、親權行使、監護權等家事事件，不能報導或揭露出兒少姓名等身分資訊的規定，立法院修法三讀通過後，這款規定就被外界稱爲「梧桐妹條款」。

　　藝人王力宏與妻子李靚蕾爆出婚變，2人離婚官司從2022年2月間悄然開打，臺灣、美國不但都有官司，且雙方都就未成年子女的探視權和親權行使積極爭取，「蕾宏婚變」也因此轟動華人社會。臺灣同樣引起媒體高度關注與大幅報導。不過，受「兒少法」規範的影響，絕大多數的媒體報導都提及雙方就小孩探視的歧見和調解，雖然子女身分資訊全未曝光，但媒體的報導因有父母王力宏、李靚蕾的姓名，也因此就被認定「有足以識別身分的資訊」，有違反「兒少法」「梧桐妹條款」之虞。

之後，相繼又有藝人柯以柔離婚官司二審宣判、藝人黃嘉千和加拿大籍丈夫夏立克離婚訴訟開打，因官司同樣都有子女監護權選定、親權行使、負擔事件等內容，媒體報導犯了同樣的狀況，除違反「兒少法」的梧桐妹條款，更重要的是，牴觸促進兒童及少年身心健全發展，保障其權益，增進其福利的「兒少法」立法目的。

大家一定有疑問，為什麼這些藝人都是公眾人物，為什麼他們的子女資訊不能報導。除了「兒少法」明文規定禁止，最主要的考量，就是避免經歷監護權選定、親權行使等負面事件的兒童、少年，會經由報導受到二次傷害。更重要的是，牴觸促進兒童及少年身心健全發展，保障其權益，增進其福利的「兒少法」立法目的。

四、媒體該如何報導

凡是報導內容涉及子女探視、未成年子女會面方式（親權行使）、子女扶養費、小孩生活費（負擔事件）、開庭為子女監護權打官司、監護權歸屬都是家事事件，媒體在報導時，就要特別注意公開的資訊內容，會不會有可能讓未成年子女身分資訊被揭露、辨識出來。以「蕾宏」、柯以柔、黃嘉千的離婚訴訟為例，媒體報導時，重點全聚焦在大人身上，小孩部分全然不提，就不會違反「兒少法」第69條的規定。事實上，目前有不少媒體在實務運作上，正是採取這樣的方式來處理新聞，以免招致違反「兒少法」，為主管機處罰。

還有的媒體，則在發生藝人、名人等婚變官司時，或因被主管機關認定違失而挨罰多次，累積「經驗值」後，為避免被處罰，相關報導內容會想方設法，將未成年子女、小孩等字眼「消失」，改用其他文字、敘述、稱謂替代，就是不要出現「小孩」等字眼。這就如同「自殺防治法」，規定媒體報導時，不能寫出輕生的原因、方法。一旦發生自殺新

聞時，如有人舉槍轟頭，爲了新聞報導不能出現「方法」，就只好寫在屍體旁發現一把槍，原因以有待檢警調查帶過一樣。

以曾是受矚目、目前離異的日本桌球天后福原愛和江宏傑爲例，兩人在2016結婚後，育有一對兒女，一直以來都是演藝圈恩愛模範夫妻的代表，夫妻倆常在公開場合甜蜜提起對方，甚至一起上綜藝節目大秀恩愛，羨煞許多觀眾。可萬萬沒想到，兩人婚姻不到五年竟傳出婚變，協議離婚後，一對未成年兒女的親權行使，雙方都想爭取。2022年7月福原愛來臺，帶一名子女回日本後，未依約帶回臺灣，媒體報導時，神來一筆就以「家人」來替代小孩的稱呼。通篇新聞報導，全部沒有出現「小孩」的字眼，取而代之的就是「家人」。在此驗證主管機關違規開罰的「他律」，果然讓媒體更「自律」。

五、例外可寫出姓名

「兒少法」也有例外規定，並非全然不能揭露兒少的姓名或身分。前文曾提及不能寫出身分資訊等個資的都是對兒少「不好的事情」。如果對兒少是「好的事情」就可以揭露姓名、身分資訊。

「兒少法」第69條第4項規定：「如果是爲增進兒童及少年福利或維護公共利益，且經行政機關邀集相關機關、兒童及少年福利團體與報業商業同業公會代表共同審議後，認爲有公開之必要，不在此限。」此項正是「兒少法」可揭露姓名、身分資訊的特別例外規定。

只要具有可以「增進兒童及少年福利或維護公共利益」的情況，媒體就新聞事件、報導內容就可寫出兒少姓名。什麼是好的事情？是要站在兒少的立場作判斷。

以每年的「國中教育會考」（國中會考）成績放榜爲例，媒體總是會找一些有新聞性、亮點的內容來報導。如國三僅有十六名學生的偏鄉

學校，高雄市田寮國中，依聯合新聞網的報導，2022年該校學生吳皓胤考出5A好成績，是田寮國中在會考實施九年以來首位5A學生。

　　偏鄉學校教育資源匱乏，吳皓胤每天念書16小時，還是運動好手，在偏鄉能夠考出好成績，誠屬不易，他的情況可做為學生的模範，基於見賢思齊，且可增進兒童及少年福利，這樣的案例，媒體在報導時就可寫出和揭露兒少身分資訊，無需隱匿其名。

六、結語

　　兒少新聞處理，既要符合法規，又要滿足知的權利，不揭露身分看似簡單，但會不會識別出身分的資訊，並無一致原則可循，須視個案情況、關係來論定。值此數位洪流時代，媒體的報導不論是何種型式，幾乎都有網路平台，為免稍一不慎可能牴觸法規，已發上網路的文稿還是可隨時檢視，若相關報導資訊有可能不當揭露，或足以識別身分，可隨時修正或刪除。以下四個原則可為兒少案件報導額外注意事項：

1. 事件行為地如發生在國外，父母親都是我國國民，因考慮地域性與國籍仍為中華民國（我國承認雙重國籍），原則上還是不能刊播姓名、照片等識別身分的資訊。

2. 若報導主角是外國人時，因在我國領域內，同樣都受中華民國相關法律保護。

3. 如果無法分辨是否可增進兒少福利或公共利益，最保險的報導方法，就是兒少姓名及一切可得特定身分的資訊，全部姑隱其名、影像全部馬賽克、聲音變聲處理。

4. 如果是新聞當事人出面陳述或爆料，得視情況注意相關規定，如涉及家事監護權爭議等，縱有當事人出面，仍得符合「兒少法」，不能揭露姓名或有足以識別兒少身分的資訊。